幼儿美术活动设计与指导

主　编　李英勋　金东哲
副主编　李　颖　徐莉媛
参　编　刘国松　蒙　健　白金花

北京理工大学出版社
BEIJING INSTITUTE OF TECHNOLOGY PRESS

版权专有　侵权必究

图书在版编目（CIP）数据

幼儿美术活动设计与指导/李英勋，金东哲主编．—北京：北京理工大学出版社，2016.10

ISBN 978－7－5682－3081－0

Ⅰ．①幼⋯　Ⅱ．①李⋯②金⋯　Ⅲ．①学前教育－美术课－高等学校－教材　Ⅳ．①G613.6

中国版本图书馆 CIP 数据核字（2016）第 214986 号

出版发行 /	北京理工大学出版社有限责任公司
社　　址 /	北京市海淀区中关村南大街 5 号
邮　　编 /	100081
电　　话 /	（010）68914775（总编室）
	（010）82562903（教材售后服务热线）
	（010）68948351（其他图书服务热线）
网　　址 /	http：//www.bitpress.com.cn
经　　销 /	全国各地新华书店
印　　刷 /	保定市中画美凯印刷有限公司
开　　本 /	787 毫米 × 1092 毫米　1/16
印　　张 /	13.25
字　　数 /	311 千字
版　　次 /	2016 年 10 月第 1 版　2016 年 10 月第 1 次印刷
定　　价 /	49.80 元

责任编辑 / 田家珍
文案编辑 / 田家珍
责任校对 / 周瑞红
责任印制 / 李志强

图书出现印装质量问题，请拨打售后服务热线，本社负责调换

前言

为致力于学前教育的发展，由多所高等院校美术专业教师组成的强大的编写团队，凭着多年来丰富的学前教育教学实践经验组织编写了《幼儿美术活动设计与指导》。这本教材，主要以"重视创编练习"和"强化技能训练"为原则，结合学前教育专业学生实际情况和教学特点，每个模块增加了幼儿美术活动指导内容，更加贴近幼儿园的实际需求，在加强绘画等基础课的同时，强化了手工基础知识和基本技能训练，同时更加注重创编能力、实际操作和设计意识以及审美意识的培养。本教材提供了大量图例和详细的范画步骤，技巧简便易学，符合幼儿的特点，容易被幼儿接受，有利于幼儿身心健康的发展。

本书共分为四个模块：幼儿美术活动的目标、内容与指导，造型表现（素描、色彩、简笔画、中国画），图案色彩装饰画（图案、色彩装饰画），幼儿园手工制作（纸工制作、超轻黏土制作、综合材料制作）。各模块以项目为导向实施具体任务，内容由易到难，语言通俗易懂，重点突出，并附有翔实的制作步骤和大量的学生优秀作品，每个模块项目都有创编方法和步骤，便于读者学习使用。

本书是一本融合知识素养的现代幼儿教师职业技能培养的实用教程。既有绘画基础训练内容，又有幼儿园实用手工的基础知识和技能训练，也有幼儿教师必备的、与幼儿园教育紧密联系的教育技能与训练；既关注幼儿园美术、手工知识的系统性，又注重学前教育专业学生其教师职业素养的养成性，同时还具有一定的灵活性和拓展性。

　　本书在编写过程中，承蒙北京理工大学出版社的大力支持，在此表示衷心的感谢！需要说明的是，尽管我们为本书的编写竭尽全力，但由于编写人员学识和时间有限，难免有疏漏和不足之处，敬请广大读者不吝赐教，以便日后不断改进和完善。

编　者

目录

模块一 幼儿美术活动的目标、内容与指导

模块二 造型与表现

项目1　素描 / 7

　　任务1　素描基础知识 / 7
　　任务2　单个石膏几何体写生 / 19
　　任务3　石膏几何体组合写生 / 22
　　任务4　单个静物的写生 / 23
　　任务5　静物组合写生 / 25
　　任务6　明暗素描写生 / 27
　　任务7　石膏头像写生 / 30

项目2　色彩 / 32

　　任务1　色彩基本知识 / 32
　　任务2　水彩画基础 / 40
　　任务3　水彩画静物写生 / 47
　　任务4　水彩画风景写生 / 50

项目3　简笔画 / 54

　　任务1　简笔画基础知识 / 54
　　任务2　日用品简笔画 / 56
　　任务3　交通工具简笔画 / 59
　　任务4　植物简笔画 / 63

　　任务5　风景建筑简笔画 / 66
　　任务6　动物简笔画 / 72
　　任务7　人物简笔画 / 78
　　任务8　情景简笔画 / 83
　　任务9　幼儿简笔画 / 86

项目4　中国画 / 89

　　任务1　中国画基础 / 89
　　任务2　白描花卉 / 92
　　任务3　工笔淡彩画 / 94
　　任务4　写意画 / 96
　　任务5　幼儿水墨画 / 100

模块三 图案　色彩装饰画

项目1　图案 / 109

　　任务1　图案基础知识 / 109
　　任务2　图案变形 / 115
　　任务3　平面图案的构成 / 118

项目2　色彩装饰画 / 125

　　任务1　铅笔淡彩 / 125
　　任务2　油画棒画 / 126
　　任务3　幼儿色彩装饰画 / 129

模块四　幼儿园手工制作

项目1　纸工制作 /137
　　任务1　折纸 /137
　　任务2　纸贴画 /144
　　任务3　纸立体 /149
　　任务4　纸浮雕 /155
　　任务5　剪纸 /161
　　任务6　吊饰制作 /166

项目2　超轻黏土制作 /173
　　任务1　从超轻黏土开始 /173
　　任务2　用超轻黏土制作故事场景 /182

项目3　综合材料制作 /184
　　任务1　树叶粘贴画 /184
　　任务2　不织布玩具制作 /188
　　任务3　用不织布制作创意场景 /194
　　任务4　袜子娃娃玩具制作 /196
　　任务5　废旧物手工制作 /200

模块一

幼儿美术活动的目标、内容与指导

【模块综述】 幼儿美术活动是艺术实践性很强的学科，它对幼儿个性的形成、思维想象力的发展、潜能的开发、创新能力、健康情感的陶冶等方面都具有很深远的影响。当前素质教育已成为主流教育，而幼儿美术教育越来越受到人们的重视，是美育的重要组成部分。它对幼儿早期的智力开发和道德素质的培养有着独特的意义。

幼儿美术活动是培养和发展幼儿的创造性思维的必要手段。幼儿美术活动使幼儿养成良好的学习习惯，使幼儿形成相互合作和友好相处的良好品德，有助于幼儿良好性格的培养，能使幼儿逐渐变得明辨是非，提升自控能力。

一、幼儿美术活动的目标

（一）幼儿绘画活动目标

1. 认知目标：了解不同绘画工具、材料的特性，探索和学习各种表现手法。认识了解常见的色彩、线条。
2. 情感目标：感受绘画活动的乐趣，能使幼儿积极参与绘画活动，喜欢绘画活动，用绘画来表达自己的思想和感情。
3. 技能目标：用幼儿喜欢的方式，用线条、色彩等美术语言进行绘画活动，养成良好的绘画习惯。
4. 创造目标：让幼儿能大胆地表达自己的思想和感情，综合使用多种绘画工具和材料进行绘画创作活动。

（二）幼儿手工活动目标

1. 认知目标：了解纸工、泥工等手工工具和材料的特性，探索和学习各种表现制作方法。
2. 情感目标：积极参与手工活动，体验手工活动的乐趣。喜欢手工活动，用手工表达自己的思想和感情。
3. 技能目标：掌握剪、折、撕、粘、搓、压、印等手工技能。会使用不同的手工工具和材料制作平面和立体作品。能使用一些自然材料拼贴造型，养成进行手工活动的良好

习惯。

4. 创造目标：能大胆地运用各种手工材料按照自己的意愿进行塑造。能用自己制作的手工作品布置环境、美化生活。

二、幼儿美术活动的内容

幼儿美术创作活动是幼儿运用自己的眼、脑、手，用自己喜欢的方式对外界事物进行视觉操作、心理操作和动手操作，从而增强自己的视觉思维能力、视觉创作能力和操作表现能力的美术活动。幼儿美术创作活动一般包括绘画和手工两个方面。

▶▶▶（一）幼儿绘画活动的主要内容

幼儿绘画活动是幼儿使用笔、纸、颜料等绘画工具和材料，运用线条、色彩、形状等艺术语言以及造型、设色和构图等艺术手段，将其生活体验与思想情感通过加工和改造转换为具体、生动、可视的艺术形象，以发展审美创作能力的活动。

幼儿绘画活动的内容主要有以下三个方面。

1. 绘画工具和材料的使用方法

绘画工具和材料是幼儿绘画过程中不可或缺的媒介和手段，能否正确、合理、灵活地运用各种绘画工具和材料，直接影响着幼儿绘画的成效和美感，所以认识和掌握一些基本的绘画工具和材料的使用方法，是幼儿绘画活动的一个重要内容。

2. 主要绘画工具和材料的性质和特点

在幼儿绘画活动中，幼儿通过绘画创作活动逐步感受了解各种绘画工具和材料的特性，经常用到的绘画工具和材料有蜡笔、油画棒、水彩笔、记号笔、水粉颜料、水彩颜料、丙烯颜料、水粉笔、毛笔以及铅画纸、宣纸、卡纸、手工纸等。

3. 绘画的形式语言

绘画的形式语言是指线条、形状、色彩、明暗、构图等美术要素，是绘画表现手段，是幼儿进行美术创作的前提。幼儿所要学习的绘画形式语言主要有线条、形状、色彩和构图。

4. 绘画的题材

绘画的题材是创作者进行艺术创作的源泉。绘画题材是指创作者在生活中形成的，根据一定的创作意图进行选择、改造或想象而进入作品的一定生活现象。幼儿绘画的题材往往来自于幼儿的生活。幼儿学习绘画的题材有自然景物、日常用品、人物、动物、植物、交通工具与生产工具、建筑物、简单的生活实践、自己想象中的物体与事件、简单的装饰画等。

▶▶▶（二）幼儿手工活动的主要内容

幼儿手工活动是在教师指导下利用各种材料进行的造型操作游戏。

1. 泥工活动：无主题自由塑造、有主题的泥工学习与表达。
2. 纸工活动：是以不同材质的纸为材料进行的游戏造型活动。
3. 主要技巧有：剪、折、粘、卷、拼、贴等。
4. 主要形式有：折纸、剪纸、粘纸、撕纸等。

三、幼儿美术活动的指导

(一) 幼儿绘画活动的指导

1. 绘画作品欣赏感知阶段

绘画作品形象源于生活，欣赏感知是绘画创作的前提。幼儿自主绘画的前提是充分感知周围事物，特别是发现生活中美好的事物和形象。美术心理学的研究表明，来自现实生活并经过亲身体验的知觉材料远比间接的知觉刺激重要得多（见图1-1-1）。因此，幼儿绘画创作指导的第一步，就是帮助他们在头脑中储存大量的具有生成性和创造性的审美意象。丰富幼儿欣赏感知的经验，培养幼儿观察欣赏的基本方法，运用语言引导幼儿审美感知。

2. 绘画作品体验加工阶段

提供宽松的创作环境，引导幼儿进行体验和加工，珍视幼儿的想象与创造。

3. 作画表现阶段

合理引导、鼓励幼儿的美术创作，提供游戏化的练习。

(二) 幼儿手工活动的指导

1. 产生意图阶段。创造幼儿充分接触材料的环境（见图1-1-2），通过欣赏和游戏激发创作意图，引导幼儿确立适宜目标。

2. 构思设计阶段。构思一般分为：（1）确定所要创作的形象。（2）构思设计。（3）选择要制作的材料。（4）进行制作。

图1-1-1 幼儿自画像

图1-1-2 幼儿手工活动指导

模块二
造型与表现

【模块综述】 素描、色彩是造型艺术的重要形式和手段，是美术基础教学中最重要的科目之一，也是指导幼儿美术活动的基础；简笔画是教学简笔画的基础，教学简笔画是包括幼教在内的所有教师需要掌握的基本技能之一，它具有概括性强、表现力强、作画速度快的特点，可以大大丰富教学内容，解决教学难点，激发幼儿的想象力和创造力；中国画是中华民族传统绘画，凝聚着中华民族的智慧、气质，以其鲜明的特色和风格，在世界画苑中独具体系。学习中国画能够使幼儿受到中国传统文化的滋养，加深孩子们对传统文化的认知。幼儿美术活动的整个过程始终要求学前教育专业的学生，不仅要具备基本的造型能力和技巧，还要具有较强的创新力和创造力。所以在学习造型基础过程中，在研究性地学习造型规律和技巧的同时，理解形式美的法则以及造型艺术自身所具有的语言就显得尤为重要。

【情境描述】 幼儿美术教学的目的不是培养小画家，而是对幼儿创造意识的启迪，幼儿美术教育可以培养幼儿的观察力、想象力、创造力；可以培养幼儿观察美、表现美的能力；可以提高幼儿的心理素质，养成良好的个性和品质。幼儿美术教育在整个幼儿教育体系中具有其他活动不可取代的作用。

【情境分析】 素描、色彩是研究造型规律的基础课程，只有掌握了造型的基本规律，才能够在幼儿美术教学活动中正确发挥其作用。简笔画因为造型简练、概括，作画速度快，所以在幼儿教育教学活动中发挥着重要的作用，它是一种教学手段和教学技能，而不是传授幼儿怎样画简笔画。中国画特有的笔墨对培养幼儿的观察力有着先天优势，而且中国画讲究形式美，讲求"气韵生动"，在培养幼儿观察美、表现美的同时，在传承和弘扬中国优秀传统文化方面也起到非常积极的作用。本模块内容包括素描、色彩、简笔画、中国画。

项目1 素 描

【项目介绍】 本项目主要内容有：素描基础知识，单个石膏几何体写生，石膏几何体组合写生，单个静物的写生，静物组合写生，明暗素描写生，石膏头像写生。

【知识目标】 了解素描的基本概念、表现技巧、主要表现形式。树立体积观念，掌握立体描绘的方法与技能；熟悉素描造型的一般规律，掌握正确的观察方法，增强对比例的准确判断力；理解和掌握素描造型语言，提高素描造型的表现力。

【技能目标】 掌握以明暗造型的素描表现方法；掌握以线条造型的素描表现方法。能够正确表现出对象的形体结构、体积和空间、明暗关系；具备一定的对客观物体的艺术观察力和表现能力。

【素质目标】 树立将素描作为视觉艺术基础训练的观点；加强高品位艺术修养和高尚艺术情操的教育；注重学习的刻苦性和专注性精神的培养，发扬实事求是的学风和创新精神，秉承终生学习的理念，从而提升职业素养。

任务1 素描基础知识

任务导出

素描的概念
素描的造型要点

任务分析

大部分学前教育专业的学生在入学前并没有接受过系统的素描训练，对素描的认识不够深入，所以，首先需要明确素描的概念，概念明确后进一步了解素描造型要点，先从理论上打下一个基础，为下一步写生训练做准备。

一、对素描的认识

广义上的素描，泛指一切单色的绘画，起源于西洋造型能力的培养。狭义上的素描，专指用于学习美术技巧、探索造型规律、培养专业习惯的绘画训练过程。素描过程也是同一时间要考虑许多问题的综合思维活动较为活跃的过程。它是人类美术活动中最古老的一种造型手段，也是最早独立的一种绘画形式，好的素描同其他绘画一样，具有独立的审美价值，是人类美术宝库的组成部分（见图2-1-1、图2-1-2）。

图 2-1-1 母亲 丢勒（德国）

图 2-1-2 头像 劳特累克（法国）

由于素描使用的工具和材料相对简单，且造型具有基础性与综合性，便于观察、分析、研究和掌握造型基本规律，因而素描又是造型艺术的重要基本功之一。素描几乎包含了所有造型艺术的基本课题，绘画、艺术设计、建筑、雕塑等很多专业都把素描看作是造型艺术的重要基础。

素描的分类方法很多，比较常见的划分类别有：从目的功能看，它可分为创作素描与习作素描两类；从造型方法看，它可分为偏重客观的再现性素描与偏重主观的表现性素描两类；从作画形式看，它可分为线造型的素描与明暗造型的素描等；从作画的时间看，它可分为长期素描与短期素描等；从题材内容看，它可分为静物素描、人物素描、风景素描、动物素描等；从工具材料看，它可分为铅笔素描、炭笔素描、钢笔素描、毛笔素描等；从绘画传统看，它可分为中国写意传统的素描（见图2-1-3）与西方写实传统的素描；等等。就一幅素描作品而言，它往往同时具备上述各种不同分类中提到的某一种属性，因而任何一种类别的素描称谓实际上只能说明作品的某一个特点，并没有概括它的全部性质。

图 2-1-3 泼墨仙人图 梁楷（中国）

二、素描造型的要点

▶▶▶ （一）学会正确地观察、理解和作画方法

整体的观察

作画者的眼睛不聚焦于任何一个局部，迫使自己的眼睛习惯性地看到所画物象的全貌。整体的观察也是一种感性的观察，不经过任何逻辑分析，忘掉之前对所有物象的概念化、符号化的印象。只有不关注细节才能快速正确地确定构图，即物象在画纸上模糊的形象，也是作画的第一步（见图2-1-4）。整体的观察要求作画者与所画对象在保持一定距离的前提下，先不看局部和细节，先看到整体；然后要学会控制自己的视线，能够使自己的视线在局部和整体之间自由地往来。

理性观察

人的视觉有直觉性的、感觉性的、错觉性的、幻觉性的……如果作画者不经过任何分析就直接把看到的图形画上去，肯定会出现一系列的问题。比如说从侧面看静物，你的脑海总要还原静物正面时的印象，这就会产生错觉；比如向左倾斜的线条突然向右折，但是向右折的线条的倾斜度还是向左，你感觉上会认为它是向右的；又比如俯视看静物，后面的静物比前面的静物小，但它要比前面的静物高，你可能会觉得小的静物就应该比大的静物矮；又比如透视规律是俯视时近低远高、仰视时近高远低，如果俯视和仰视的角度很小，你刚好会把它们颠倒。针对上述问题，可以借助水平线、垂直线、关联线这三种辅助线，使你的观察变得理性（图2-1-5）。这也是把形打准的最好方法。

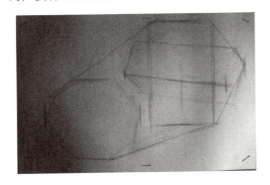
图2-1-4　整体观察

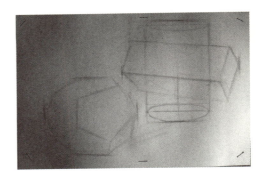
图2-1-5　理性观察

比较观察

在一个画面中没有两块相同的颜色，比较观察贯穿于整个作画过程。不仅要学会从宏观比较到微观比较，比较物体与物体、物体与背景、前面与后面、左边与右边、上面与下面，比较单个物体块面、暗面色调、亮面与灰面；还要比较高低长短、薄厚大小、光源距离和光感、不同静物的质感和色调、体积感、空间感等。虚实、明暗、强弱、大小、刚柔、最明处、最暗处、最虚处、最实处等时刻都要比较着画，才能使各个局部互相联系起来，画面才能更加具整体性（见图2-1-6）。

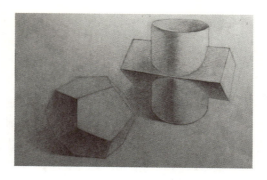

图2-1-6 比较观察

透析观察

透过布面，透析到物象的形体结构，这需要我们对物象的基本构造有深刻的理解，才能表现好立方体的形体结构。透过现象看到本质，透过本质看到结构。特别是画人物速写时，这个方法很重要。

▶▶▶ （二）掌握基本造型语言

1. 点、线、面，这是素描造型的基本手段。点是最小的视觉单位与最基本的造型元素。线与面均由点扩展而成。在素描造型中，点、线、面的不同形态及其不同的排列组合关系，既可以表现物象的形体结构、立体感、质感，又可以传达情感，产生千变万化的形式美等。

2. 结构，这是素描造型的重要手段之一，是物体占用空间的形式。任何物体都具有内部构造及其连接组合形式，即结构，它是造型的根基。因而在素描造型中，无论物象的结构关系如何复杂多变（见图2-1-7、图2-1-8），我们都要透过现象抽出其基本的结构关系也就是物体各个面转折的位置。这既是素描造型的出发点，也是其落脚点。

图2-1-7 素描习作 达·芬奇（意大利）

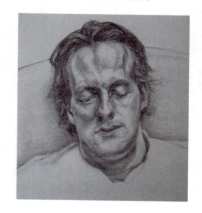

图2-1-8 自画像 弗洛伊德（英国）

3. 透视，这是素描造型的重要手段之一。由于人眼的特殊生理结构和视觉功能，任何一个物象在人的视觉中都具有近大远小、近清远虚的变化现象，由此也就产生了研究这种变化规律的透视知识。物体对眼睛的作用有三个属性，即形状、色彩和体积，因距离远近不同呈现的透视现象主要为缩小、变色和模糊消失（见图2-1-9、图2-1-10）。

图2-1-9 习作 弗朗西斯科·
瓜尔迪（意大利）

图2-1-10 孟特芳丹的回忆
柯罗（法国）

4. 构图，这是素描造型的重要手段之一。构图，是绘画中的内容与形式按照一定的主题与形式美法则所形成的画面结构，其目的是使各局部或个别形象组成一个协调完整的艺术整体。它与人的视觉心理及形式美法则有着直接的关系。构图是造型艺术的形式结构，包含全部造型因素与手段的总和。它具体可分为直观性构图、推理性构图等。构图，无论是在素描中，还是在整个绘画中，都占有重要的地位与作用。

▶▶▶ (三) 工具材料

1. 笔

素描的笔可用范围非常宽泛，即固体材料与液体材料。固体材料指铅笔、木炭笔、色粉笔、圆珠笔等；液体材料指钢笔、毛笔及喷笔、喷枪等。这两种类型的笔也可混合使用。在素描造型中，笔的不同及其使用方法不同，其画面效果与情趣也是各不相同的。

（1）铅笔：是素描最常用的作画工具。它有软硬、浓淡的不同型号，软类的铅笔为B型（black），硬类的铅笔为H型（hard），软硬适中的铅笔为HB型。B型与H型铅笔数字越大越软、越深，或越硬、越浅；反之，软硬、深浅情况相反。一般作画，配备2H、HB、2B、4B、6B就够用了。8B～12B特软质的铅笔也可以使用。要画出线条、明暗调子的丰富变化及深入细致地塑造形象，仅靠软硬型铅笔是不够的，关键还在于用笔的轻重、缓急等，才能获得满意的作画效果。随着素描工具材料的发展，市面上可以购买到形形色色的铅笔，可根据不同需要进行选择（见图2-1-13）。

（2）木炭笔：木炭笔包括木炭条、炭笔与炭精条（见图2-1-14）。它也是素描常用的作画工具。其中，木炭条一般是用柳木炼制而成的。它质地松软而易碎，画后其炭粉的附着力差（用手在纸上轻轻一抹或一弹，炭粉就会脱落），因而作画时不宜用光滑的纸张，而要选用较粗糙的纸张，画好后还须喷上一层定画液才能保存。炭笔和炭精条是用面粉压缩而成的。由于制作中加进了黏合剂，所以它比木炭条易上纸面，炭粉的附着力也较强。画好后也须喷上一层定画液才能完好保存。将木炭条、炭笔、炭精条结合使用，或者是将木炭条、铅笔结合使用，也是有经验的作画者常使用的方法。此外，目前市场上出现的木炭铅笔，也可供作画者选用，其性能介于炭笔与铅笔之间。

使用木炭笔画素描，特别是画幅较大或画速写时，较之使用铅笔有更大的优越性。

它色泽深黑，不仅画出的效果黑白对比强烈、浓淡层次丰富，便于作画者快速地、大面积地作画涂抹，而且具有很强的线条与明暗造型表现力，作画者可以深入细致地刻画（见图2-1-11）。

（3）钢笔：钢笔包括普通钢笔与特制的金属笔，都是素描常用的作画工具。它因笔尖粗、细、扁、圆等不同，会产生不同画面的艺术效果。钢笔画常是在点、线上进行多种变化，其疏密组成的多种浓淡排线（即明暗调子）对比强烈，画面效果鲜明，既讲究深入细致地造型刻画，又要求进行高度的艺术概括，因而钢笔画有着较强的表现力（见图2-1-12）。同时，由于钢笔携带方便，作画简便，特别是复印后的复印件仍能保持原作的面貌，所以钢笔素描常为作画者所喜爱。钢笔素描虽工具材料简便，但其技法仍有比较难以把握的一面，最突出的是：墨水不能擦洗、不易修改。因此，画钢笔素描时，要事先缜密构思，待"胸有成竹"再下笔作画。

图2-1-11 风景 修拉（法国）

图2-1-12 风景 康斯太勃尔（英国）

2. 版面

素描的版面即作画用的平面材料。它可以是布料、木块、金属、陶瓷、玻璃、塑料、墙面等，但最普遍的是纸。纸的种类很多，其粗细、厚薄、软硬各不相同。一般作铅笔、木炭笔素描宜选用质地粗软、较厚的纸，作铅笔素描则宜选用光滑、较硬的纸。选用画纸的基本要求是：一要考虑作画的对象与作业要求；二要考虑造型的主题与画面效果；三要考虑使用的画笔及其技法等。这样，画纸才能"物尽其用"地发挥其应有的作用。

3. 其他工具材料

素描的其他工具材料包括橡皮（见图2-1-15）、定画液（见图2-1-16）、铅笔延长器（见图2-1-17）、擦纸笔（见图2-1-18）等。橡皮、橡胶泥或馒头（面包）是素描常用的必备工具。它们不仅是修改画面错误的工具，也是一种作画表现工具。往往不同的工具、不同的使用方法会带来不同的效果。一般橡皮、橡胶泥主要用于铅笔画、炭笔画、炭精条画之中，馒头（面包）则只宜用于木炭条画之中。

图 2-1-13 铅笔

图 2-1-14 木炭笔

图 2-1-15 橡皮

图 2-1-16 定画液

图 2-1-17 铅笔延长器

图 2-1-18 擦纸笔

定画液也是素描常用的必备工具。当用铅笔、木炭笔完成素描后，一般须喷上定画液加以固定，才能保存画面的原作效果。画板（夹）、画架及胶带纸、图钉、削笔刀等同样是素描不可缺少的常用工具。

▶▶▶（四）作画中应注意的事项

1. 采光

素描练习阶段在室内进行是比较适宜的，这样光线比较稳定。相对朝北的窗子或天窗进来的天光光线变化较少、相对稳定，有利于初学者作画。也可以用灯光按需要来调配光线的方向与角度。无论采用哪种光源，光线照射到物象上时应使其形体结构、造型特征或明暗关系等明确。在灯光下摆放物象，若光照太强或物象与光源的距离太近，都会使物象因受光部与背光间的黑白对比太强，而造成中间色调过于苍白，物象本身丰富的结构与明暗关系也不明显。

2. 作画者与对象的距离

距离远近没有固定、统一的标准，在能够观察到对象细节的前提下，尽量远一些。这样对观察整体关系是有利的，有些细节看不清楚时，可以用手去触摸，以此感受形体的转折方向。

3. 作画姿势

正确的作画姿势，首先，画板不遮挡所画对象，在这一前提下，画板和对象应处于作画者同一视角（60°）范围内，角度不要过大，使得作画时能够整体兼顾所画对象与画面效果。

其次，画板和作画者的眼睛要保持一定距离，以便全面而清楚地观察与把握画面效果。其距离标准以自然伸直手臂，手能触及画面为宜。在这个距离之内，画面和眼睛应保持一种垂直关系，即从眼睛到画面中心的视线应与画面大致成垂直（90°）角度；否则，画面与眼睛的关系将受到视觉畸变的影响，难以画准形象。

4. 握笔姿势

正确的握笔姿势（见图 2-1-19）能增强画笔的灵活性与表现力，还能减轻手的劳累。如用直线条打轮廓或大面积涂抹色调时，其握笔的姿势，笔杆应握于掌下，由拇指、食指和中指握笔，笔尖和手指间应有一定的距离。这样作画时，运笔才能自如且活动范围大。再如，用短线条刻画某一局部形象时，其握笔的姿势又类似于一般拿钢笔的姿势，必要时还可用小拇指顶着画面。这样作画时，才能做到运笔沉稳且活动范围小。

图 2－1－19　常用的握笔方法

5. 运笔要领

正确的运笔方法是：依靠手腕的灵活和力量带动画笔作画，手指把握笔锋及线条的运动方向。这样，画出来的线条才能生动灵活、气力贯通、虚实有别、刚柔兼备（见图 2－1－20）。错误的方法是：用手死死地捏住笔，作画时只靠手指用力和动笔，画出的线条自然会呈现出呆板、滞涩、琐碎的状态。

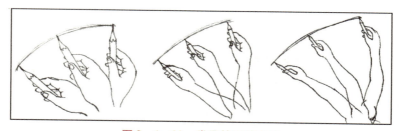

图 2－1－20　常用的运笔方法

三、构图

（一）构图，是指绘画时根据题材、主题思想和形式美感的要求，把要表现的形象适当地组合起来，构成一个协调的完整的画面。

构图的基本形式，有横向形（见图 2－1－21）、竖向形（见图 2－1－22）、斜向形（见图 2－1－23）、三角形（见图 2－1－24）、圆形（见图 2－1－25）、Z 字形（见图 2－1－26）等。但在静物作品上最常用的是三角形构图，又分正三角形构图、倒三角形构图及其他形式的三角形构图。

图 2－1－21　横向构图　奥斯塔德（荷兰）

图 2－1－22　竖向构图　德加（法国）

图 2-1-23　斜向构图　温斯洛·霍默（美国）

图 2-1-24　三角形构图　鲁伊斯达尔（荷兰）

图 2-1-25　圆形构图　葛饰北斋（日本）

图 2-1-26　Z字形构图　洛兰（法国）

（二）构图的基本要素，有形状、线条、明暗、色彩等。在线条造型的素描构图练习中，我们运用的主要是形状和线条两要素。

构图的基本类型，有直观性构图、推理性构图等。直观性构图常运用于偏重客观的再现性素描之中，它注重对形象作直接"写实"的组合（见图 2-1-27）；推理性构图常运用于偏重主观的表现性素描之中，它注重对形象作间接"变形"的组合或重新"整合"的组合等（见图 2-1-28）。可见，直观性构图是推理性构图等的基础。

图 2-1-27　直观性构图　米勒（法国）

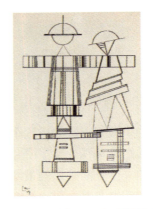
图 2-1-28　推理性构图　康定斯基（俄罗斯）

（三）构图的基本法则，主要体现在两个方面：一是要合理地搭配和组织形象，不能违背"多样统一"和"均衡"的原则；二是要将组织好的形象妥当地安排在画面里，即在画面里不能太小（见图2-1-29）或太大（见图2-1-30），也不能太偏（见图2-1-31），而应该大小、四周安排适当。

在构图中，变化与统一是一种相互对立，相互依存的辩证关系。任何趋于完美的构图，都是具有变化与统一两个方面的因素，或在统一中求变化，或在变化中求统一，以构成有机联系的整体。但是，过分的统一易造成单调、乏味而失去美感（见图2-1-32）。

图2-1-33的画面呆滞、刻板，这种完全对称的布局，会造成"统一"有余，但变化不足。应适当调整物象的空间位置，打破完全对称的布局，增加变化的因素，构成均衡的构图形式。通过主次、轻重的对比求得变化，增强构图的美感。

图2-1-34的画面零散，缺少联系。变化与统一的关系处理不当，只注意了前后左右的空间变化，忽视了相对的集中统一，造成构图松散。应调整布局，形成相对集中的构图中心，通过"聚"与"散"、"主"与"次"的对比，在变化中求统一。

图2-1-29 构图太小

图2-1-30 构图太大

图2-1-31 构图太偏

图2-1-32 单调、泛味的构图

图2-1-33 呆滞、刻板的构图

图2-1-34 零散的构图

四、透视

客观物象因与人眼的远近距离和空间方位的不同，会在视觉上产生近大远小、近宽远窄和近长远短等透视现象。研究这些变化规律的透视知识，就是形体透视。它是在平面上表现物象的立体空间关系的最基本的方法。

根据客观物象与人眼、画面的不同现关系，通常会出现以下四种透视现象及规律。

▶▶▶（一）平行透视

客观物象（立方体）的前面与画面平行，底面与地平面平行，视平线上有一个中心消失点的透视现象，称平行透视（见图2-1-35、图2-1-36）。基本规律为：

1. 视平线上只有一个消失点。
2. 与画面垂直的平行线都消失于一点。

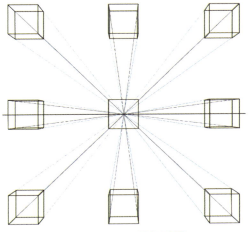

图 2-1-35　平行透视

图 2-1-36　习作　伦勃朗（荷兰）

▶▶▶ （二）成角透视

客观物象（立方体）的任何一个面都不与画面平行，但底面与地平面平行，视平线上有两个消失点的视觉现象，称成角透视（见图 2-1-37、图 2-1-38、图 2-1-39）。基本规律为：视平线上有左右两个消失点。

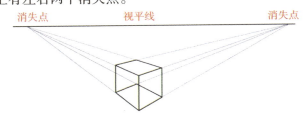

图 2-1-37　成角透视

图 2-1-38　习作　曼·雷（美国）

图 2-1-39　风景　凡·高（荷兰）

▶▶▶ （三）三点透视

三点透视就是立方体相对于画面，其面及棱线都不平行时，面的边线可以延伸为三个消失点，俯视或仰视去看立方体就会形成三点透视（见图2-1-40、图2-1-41、图2-1-42、图2-1-43）。透视图中凡是变动了的线称为变线，不变的线称为原线，要记住近大远小的规律。

图2-1-40 三点透视（俯视）

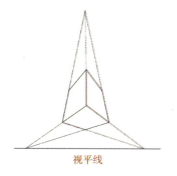

图2-1-41 三点透视（仰视）

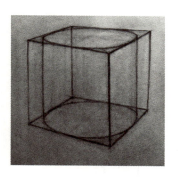

图2-1-42 三点透视几何体

图2-1-43 三点透视静物

▶▶▶ （四）圆形透视

客观物象（圆形切面）在视平线上下或视中线左右所产生的透视现象，称圆形透视。基本规律：

1. 圆形透视指圆形切面在视平线的上、下或视中线的左、右形成的透视规律。

2. 圆形切面与视平线平行重叠时、圆形切面呈水平线。离视平线越上或越下时，其形成的椭圆线越圆（见图2-1-44）。圆形切面与视中线重叠时呈直线。离视中线越左或越右时，其形成椭圆线越圆（见图2-1-45）。

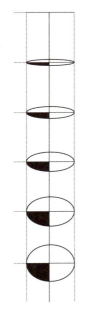

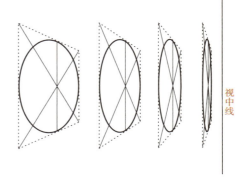

图 2−1−44　圆形透视上下表现

图 2−1−45　圆形透视左右表现

圆形透视作品示例，见图 2−1−46、图 2−1−47。

图 2−1−46　圆形透视静物上的左右表现

图 2−1−47　圆形透视静物上的上下表现

课后练习：做一个静物构图练习。

任务 2　单个石膏几何体写生

任务导出

作画步骤与要领

任务分析

单个石膏几何体造型的规整性和单纯性，不仅有利于初学者把注意力集中在造型的探究和表现上，而且在培养正确的观察方法方面也有着不可替代的作用。初学者应有意识地培养会观察的眼睛，在头脑里牢固树立起整体—局部—整体的观察方法。

相关知识

写生是直接面对对象进行描绘的一种绘画方法。它作为素描学习的重要方法之一，是培养绘画基本功、提高造型能力的重要手段与必要过程。

从几何体开始画素描，是因为几何体是所有复杂形体的最基本的组成和表现方式，在画几何体阶段打下良好的基础对素描学习有着至关重要的作用。素描初学期可以暂时不施明暗或轻轻地带出一些明暗，把重点放在形体结构的理解和表现上。

技能训练 作画步骤与要领

一、先对石膏几何形体做全方位的观察，有了观察才有理解、想象和创新，然后确定作画角度与位置，在确定构图时可利用取景框工具（见图2-1-48），手机摄像头也可作为取景工具来使用。

二、构图、起稿阶段视线应更多地关注画面的二维平面关系，把上、下、左、右最突出的点确定下来（见图2-1-49），这一步不宜操之过急，应反复进行比较和观察，必要时可以将铅笔作为测量工具进行测量。

三、借助辅助线画出几何体的基本轮廓（见图2-1-50），然后开始分析地、理解地描绘它的形体结构、构造结构、空间结构及其透视关系。

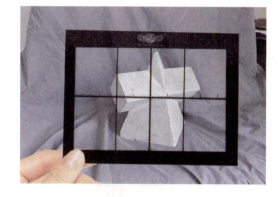

图2-1-48 静物取景

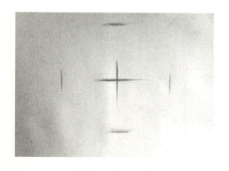

图2-1-49 单个石膏几何体写生 步骤一

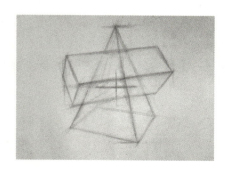

图2-1-50 单个石膏几何体写生 步骤二

四、用线条准确地、深入地画出几何体的形体结构、构造结构、空间结构及其透视关系，使它具有一定的体积感、空间感，同时注意画面线的虚实、疏密关系等的处理（见图2-1-51、图2-1-52）。

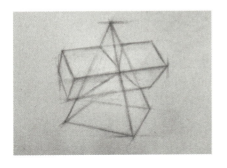 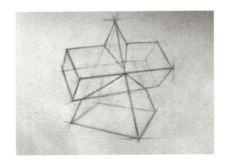

图2-1-51　单个石膏几何体写生　步骤三　　　　图2-1-52　单个石膏几何体写生　步骤四

五、调整修改，使画面主次关系明确，效果整体、完整（见图2-1-53）。

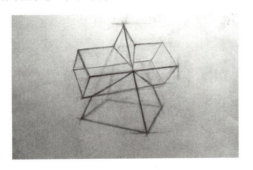

图2-1-53　单个石膏几何体写生　步骤五

单个石膏几何体写生作品，如图2-1-54。

图2-1-54　单个石膏花瓶造型写生

课后作业：做一幅单个石膏几何体写生练习，并对画出的几何体进行分体练习。

任务3 石膏几何体组合写生

任务导出

作画步骤与要领

任务分析

与单个石膏几何体写生相比,石膏几何体的组合写生在各方面都增加了很多难度。但两个物象之间的比例关系、距离关系、空间关系、结构关系等,在观察和表现方面会带给初学者更大的乐趣。

相关知识

作石膏几何体的组合写生,在结构关系、比例关系、透视关系等诸多方面要比单个石膏几何体的写生复杂一些,所以应该更加注意整体—局部—整体的观察和作画方法。

技能训练 作画步骤与要领

一、对石膏几何形体组合做全方位的观察。石膏几何体组合写生对作画者整体控制力提出了更高的要求。确定作画角度与位置,学会选择理想的角度和位置,不仅对激发作画热情有促进作用,而且对今后的创作性素描以及美术创作也具有积极的意义。

二、整体观察,反复比对,找准关键点的位置,然后画出各几何体的大致轮廓、组合关系(见图2-1-55)。

三、画出各几何体的基本轮廓,然后开始分析地、理解地画出它们的形体结构、构造结构、空间结构及其组合关系、透视关系(见图2-1-56)。

四、用线条准确地、深入地画出它们的形体结构、构造结构、空间结构及其组合关系、透视关系,使它们具有一定的体积感、空间感(见图2-1-57、图2-1-58)。

图2-1-55 石膏几何体组合写生 步骤一

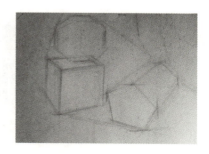

图2-1-56 石膏几何体组合写生 步骤二

五、调整修改,使画面主次关系明确,效果整体、完整(见图2-1-59)。

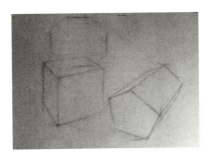
图 2-1-57 石膏几何体组合写生 步骤三

图 2-1-58 石膏几何体组合写生 步骤四

石膏几何体组合作品示例，见图 2-1-60。

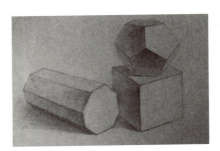

图 2-1-59 石膏几何体组合写生 步骤五

图 2-1-60 石膏几何体组合写生

课后作业：做一个石膏几何体组合的写生练习，可以尝试着上一些简单的明暗调子。

任务 4　单个静物的写生

任务导出

作画步骤与要领

任务分析

单个静物的写生是观察力、造型能力培养的关键一步。静物一般不像石膏体那样通体白色，它自身的固有色、纹路、污渍、肌肤等都会比形体结构更加吸引我们的眼球。只有通过感性理性相结合的正确观察方法，才能完成本次任务。

相关知识

静物的形体千姿百态，它们的外形和颜色偶然性强，不确定因素也要比石膏几何体丰富，因此作画时对我们提出了新的要求，在形体的把握上也增加了一定的难度。所以，在对实物进行写生的过程中，我们既要注重客观物象的外形外貌，又要能透过这些外形外貌发现物象的基本形态结构。

技能训练　作画步骤与要领

一、先对单个静物做全方位的观察，然后确定作画角度。

二、在构图、起稿阶段，视线应更多地关注画面的二维平面关系，把上、下、左、右最突出的点确定下来（见图2-1-61）。这一步不宜操之过急，应反复进行比较和观察，必要时可以将铅笔作为测量工具进行测量。

三、借助辅助线画出静物的基本轮廓，然后开始分析地、理解地描绘它的形体结构、构造结构、空间结构及其透视关系（见图2-1-62、图2-1-63）。

四、用线条准确地、深入地画出几何体的形体结构、构造结构、空间结构及其透视关系，使它具有一定的体积感、空间感，同时注意画面线的虚实关系等的处理（见图2-1-64、图2-1-65）。

五、调整修改，使画面主次关系明确，效果整体、完整（见图2-1-66、图2-1-67）。

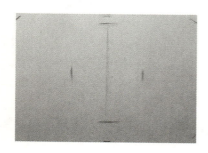

图2-1-61　单个静物写生　步骤一

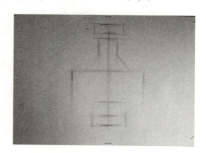

图2-1-62　单个静物写生　步骤二

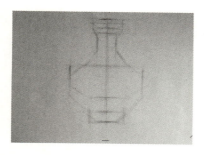

图2-1-63　单个静物写生　步骤三

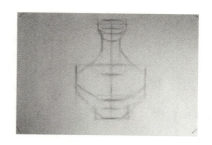

图2-1-64　单个静物写生　步骤四

图2-1-65　单个静物写生　步骤五

图2-1-66　单个静物写生　步骤六

图2-1-67　单个静物写生　步骤七

单个静物的写生作品示例，见图2-1-68、图2-1-69。

图2-1-68　单个静物写生－青椒

图2-1-69　单个静物写生－苹果

课后作业： 作一幅以单个水果或蔬菜为对象的静物写生练习。

任务5　静物组合写生

任务导出

作画步骤与要领

任务分析

静物组合既要解决单个静物写生过程中遇到的问题，又要解决每个物体之间的比例、空间、对比、形式等关系；同时绘画过程也会遇到更多的难题。当然，绘画乐趣和表现情趣方面也丰富了很多。

相关知识

静物的形体千姿百态，它们的外形和颜色偶然性强，不确定因素也要比石膏几何体要多，对作画者提出了新的要求，在形体的把握上也增加了一定的难度。所以，在对实物进行写生的过程中，我们既要注重客观物象的外形外貌，又要透过这些外形外貌发现物象的基本形态结构。

技能训练　作画步骤与要领

一、先对单个静物做全方位的观察，然后确定作画角度。

二、在构图、起稿阶段，视线应更多地关注画面的二维平面关系，把上、下、左、右最突出的点确定下来（见图2-1-70）。这一步不宜操之过急，应反复进行比较和观察，必要时可以将铅笔作为测量工具进行测量。

三、借助辅助线画出静物的基本轮廓，然后开始分析地、理解地描绘它的形体结构、构造结构、空间结构及其透视关系（见图2-1-71、图2-1-72）。

四、用线条准确地、深入地画出静物的形体结构、构造结构、空间结构及其透视关系，使它具有一定的体积感、空间感，同时注意画面线的虚实关系等的处理（见图2-1-73）。

五、调整修改，使画面主次关系明确，效果整体、完整（见图2-1-74）。

图2-1-70　静物组合写生　步骤一

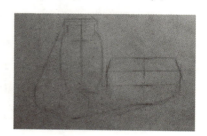

图2-1-71　静物组合写生　步骤二

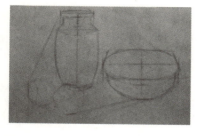

图2-1-72　静物组合写生　步骤三

图2-1-73　静物组合写生　步骤四

图2-1-74　静物组合写生　步骤五

静物组合写生作品示例，见如图2-1-75、图2-1-76。

图 2-1-75　静物　金东哲

图 2-1-76　静物　李君

课后作业： 在速写本上做小幅静物组合写生练习。

任务6　明暗素描写生

任务导出

作画步骤与要领

任务分析

明暗调子的运用是一个必须面对的问题，明暗调子是因为有光线照射才产生的，所以变数比较大，但是，万变不离其宗，无论光线如何变化，物象的结构始终是不变的。只要理解了形体结构，就不会被光线所迷惑，所有的明暗现象其实就是形体的转折形成。理解了这一点，就能够充分利用明暗的"五个层次"来表现物体的真实存在感和结实的形体结构。

明暗素描是素描的一种，是以明暗色调为主要表现手段的素描形式，是将对形体的明暗感觉和形体体积的认识统一起来塑造和表现形体的素描方法。明暗素描，作为造型艺术的基本功之一，有它的客观规律。明暗现象的产生，是物体受到光线照射的结果，是客观存在的物理现象，光线不能改变物体的形体结构。表现一个物体的明暗调子，正确处理其色调关系，首先就是要对对象的形体结构有正确的、深刻的理解和认识。因为物体的形体、结构的透视变化，物体表面各个面的朝向不同，所以光的反射量也就不一样，也就形成了色调。所以，我们必须抓住形成物体体积的基本形状，即物体受光后出现的受光部和背光部两大部分，再加上中间层次的灰色。由于物体结构的各种起伏变化，明暗层次的变化便错综复杂，但这种变化具有一定的规律性，将其归纳，可称之为"五大明暗层次"，就是物体受光之后，在每一个明显的起伏上所产生的最基本明暗层次。而任何明显的起伏在受光之后所产生的明暗变化不能少于五个基本层次。这是指物体起伏本身而言，即指亮面、中间色、明暗交接线、暗面、反光（见图2－1－77）；高光包括于亮面内，五大明暗层次不包括投在别处的投影。

受光、背光和明暗交接线是三个基本明暗层次，另外有两个最微妙的灰色部分，一个在受光部，一个在背光部。这两个灰色部分的层次很接近，特别是反光强的时候最接近。灰色是产生在光线平行射过的那些平面上的；与光线完全平行的面，可以说是最灰的面。而这些面是经常出现在明暗交接线附近的。

灰色的变化很不易捉摸，但如果从五个基本明暗层次去分析它们，特别是掌握明暗交接线区别受光部和被光部，就很容易分清这两个灰色部分，那么在表现这些对象时，也就不会被复杂的现象所迷惑，容易掌握明暗变化的节奏，使画面所反映的面与体得到局部与整体的和谐统一，画面的整体感更强烈。

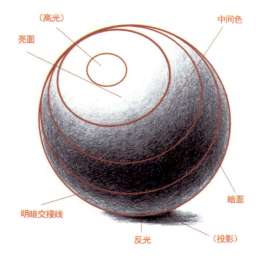

图2－1－77　五大明暗层次

铅笔一般能分出7～10个明暗层次（见图2－1－78），深色时忌平涂。要根据所表现的结构、质感、风格等采取不同的排线方法，灵活运用（见图2－1－79）。

图2－1－78　铅笔的色调层次

图2－1－79　常见的几种排线方法

技能训练　作画步骤与要领

一、对作画对象做全方位的观察，确定作画角度（见图2－1－80），必要时眯起眼睛观察整体关系。眯眼法可以在作画过程中经常运用，对把握整体关系有很大的帮助。

二、整体观察，反复比对，找准关键的点的位置，然后画出对象的大致轮廓、组合关系（见图2－1－81、图2－1－82）。

三、画出各对象的基本轮廓，然后开始分

图2－1－80　静物图片

析地、理解地画出它们的形体结构、构造结构、空间结构及其组合关系、透视关系，并进行明暗布局（见图2-1-83、图2-1-84）。

图2-1-81　明暗素描写生　步骤一

图2-1-82　明暗素描写生　步骤二

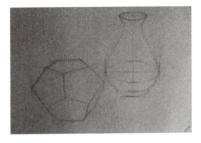

图2-1-83　明暗素描写生　步骤三

图2-1-84　明暗素描写生　步骤四

四、结构、透视等关系准确无误后，开始上明暗调子，可以从明暗交接线着手，分出受光面与背光面，始终关注整体关系并做到对整体"心中有数"（见图2-1-85）。

五、进一步深入刻画，中间色的色调要控制好，避免画面出现"灰"的效果。投影及色调比较深的部分有细节变化的话会使画面显得更加生动，充分利用反光合理表现形体结构。轮廓线的虚实、强弱、深浅要注意观察，认真处理（见图2-1-86）。

图2-1-85　明暗素描写生　步骤五

图2-1-86　明暗素描写生　步骤六

六、调整修改，使画面主次关系明确，效果整体、完整（见图2-1-87）。

图2-1-87 明暗素描写生 步骤七

明暗素描写生作品示例，见图2-1-88、图2-1-89。

图2-1-88 静物写生作品（示例一）

图2-1-89 静物写生作品（示例二）

课后作业：用明暗"五个层次"做一幅以球体或立方体为对象的明暗素描画。

任务7 石膏头像写生

任务导出

作画步骤与要领

任务分析

大部分石膏像都是以古希腊、古罗马以及文艺复兴时期的作品为参考的复制品，具有造型优美、准确的特征。对于培养发现美、创造美的能力有着非常积极的作用，同时可以观察和研究头部的骨骼、肌肉以及五官的比例。石膏头像对造型的准确性方面提出了更高的要求，对于观察力、表现力的培养是十分有益的。

相关知识

经过几何体、静物写生练习，掌握了素描的基本造型方法后，可以进入石膏头像素描学习阶段。石膏头像具有真人般的结构比例和五官局部，进行石膏头像写生是为将来的真人头像素描做准备。

技能训练　作画步骤与要领

一、对石膏像做全方位的观察，确定作画角度。有必要了解一下石膏像的人物背景，这对表现人物气质会有所帮助。

二、整体观察，反复比对，找准中线并用长直线概括地画出石膏像的大致轮廓（见图2-1-90）。

三、画出对象的基本轮廓，然后开始分析地、理解地画出它们的形体结构、构造结构、空间结构及透视关系（见图2-1-91）。

四、注意观察五官的特点，遵循"三庭五眼"的规律并结合透视变化确定五官的位置和结构（见图2-1-92）。

五、进一步深入刻画。始终把整体放在首位，细节刻画要符合整体的要求，要为整体感的塑造服务。破坏整体的细节经过分析、判断后要及时改正。

六、调整修改，使画面主次关系明确，效果整体、完整（见图2-1-93）。

图2-1-90　石膏头像写生　步骤一

图2-1-91　石膏头像写生　步骤二

图2-1-92　石膏头像写生　步骤三

石膏头像写生作品示例，见图2-1-93、图2-1-94、图2-1-95。

图2-1-93　阿格里巴像　金东哲

图2-1-94　塞内卡像　金东哲

图2-1-95　大卫像　金东哲

课后作业：做一幅石膏头像的速写练习。

项目2 色 彩

【项目介绍】 本项目的主要内容有：色彩基础知识，水彩画基础，水彩画静物写生，水彩画风景写生。

【知识目标】 正确认识色彩、色彩的分类。掌握色彩造型的方法与技能；熟悉色彩造型的一般规律，掌握正确的观察方法，增强对色彩的洞察力；理解和掌握色彩造型语言，增强色彩造型的表现力。

【技能目标】 掌握水彩画的表现方法。使学生初步建立起水彩艺术语言结构、作画技法；使其对客观物体具备一定的艺术观察力和表现能力。

【素质目标】 树立色彩作为视觉艺术基础训练的观点；加强高品位艺术修养和高尚艺术情操的教育；注重学习的刻苦性和专注性精神的培养，开阔眼界，培养个人艺术修养以及实事求是的学风和创新精神，提升职业素养。

任务1 色彩基本知识

任务导出

对色彩的认识
色彩的分类

任务分析

能对色彩加以正确和全面的认识，是今后从事教学、创作、造型艺术活动的最基础要求。色彩的基本知识并不是深奥得难以理解，只是没有引起足够的重视，所以用更加专业的眼光去认真学习色彩的基础知识是非常必要的。

一、对色彩的认识

古希腊哲学家亚里士多德、文艺复兴时期艺术大师达·芬奇都曾对光和色提出过理论或观点，但是受当时生产力发展和科技发展水平的局限，他们没有能够进行科学的论述。直到17世纪60年代，英国物理学家牛顿进行了划时代的实验，通过著名的棱镜色散实验，解释了太阳光是包含整个光谱色的白色。之后他还发现：非发光体的色彩首先取决于照亮它的色光，其次决定于它们对投照光的反应。牛顿这个革命性的发现使人们对光与色彩的关系有了更深入更具体的认识，为现代色彩理论奠定了科学的基础。

19世纪30—40年代,"巴比松画派"开始直接在户外写生(见图2-2-1),虽然最终还是回到画室完成作品,但是证明画家们已经开始密切关注自然光。几十年后,受其影响的"印象派"已经完全在自然光下完成作品了。"印象派"画面记录了一天内不同时间和不同光线下物象真实的色彩变化,包括阳光的直射、漫射、反射和折射所呈现出的不同色彩效果(见图2-2-2)。从此,绘画对色彩冷暖性质的关注、对画面色彩结构的关注,都超越了他们的前辈画家,色彩的艺术表现魅力被发挥得淋漓尽致。色彩的本质逐渐得到了正确的解释,继而通过印象派画家的实践应用,促使理论家、艺术家运用科学方法探讨色彩产生、接收及应用的规律。到20世纪,色彩学更在现代光学、心理物理学、神经生理学、艺术心理学等基础上获得了长足进展。而色彩学的发展又促进了视觉艺术从19世纪向20世纪多元化时代的转变。

图2-2-1　梦特芳丹的回忆　柯罗(法画)
　　　　　巴比松画派

图2-2-2　长椅　马奈(法画)
　　　　　印象派

人们越来越清楚地认识到,光并不等于色彩,色彩是通过光对人的视觉神经加以刺激,视觉神经对光产生反应而产生的,没有光就没有视觉活动,当然也就不存在色彩感觉了。光是一种客观存在的物质,和无线电的电波、X射线等一样,是电磁波。太阳光包括可见光及不可见光,可见光能引起视觉感觉,即眼睛能够看见的那一部分,这段电磁波的波长范围在380～720纳米之间,长于这个范围的是红外线、微波射线、雷达射线、无线电射线等;短于这个范围的是紫外光、X光、伽马射线、宇宙射线等。光的物理性质由光波的长度和振幅两个因素决定,光波的长度差别决定于色相的差别,如波长400～500纳米是蓝光,波长500～600纳米是绿光,波长600～700纳米是红光。波长相同而振幅不同,则决定了色相的明暗。

色光中存在三种最基本的色光,分别为红色、绿色和蓝色。这三种色光既是白光分解后得到的主要色光,又是混合色光的主要成分。以不同的比例将它们混合,可以得到自然界中的一切色光,其中混合色域最大。而且这三种色光具有独立性,其中一种原色光不能由另外的原色光混合而成,由此,我们称红、绿、蓝为色光的三原色(见图2-2-3)。两种或两种

图2-2-3　色光三原色　加色混合

以上的色光相混合时，会刺激人的视觉器官，使人产生一种新的色彩感觉。当我们将两种不同的色光重叠在一起，会发生与色料混合在一起时明显不同的色彩变化。有些色光相加的结果，是习惯于色料相混规律的画家所难以预料的，比如，红光加绿光会产生黄光，绿光加蓝光会产生青光，而蓝光加红光就会产生洋红光。当同等分量的三原色光结合，就会出现白光。所以，色光混合被称为加色混合。把两种以上色光相混色料混合，得到的效果是黑灰色。由此我们得知，色光混合越混越亮，而色料混合与色光的混合正好相反，越混越暗，故色料的混合叫色彩的减色混合。

二、色彩的分类

▶▶▶（一）有彩色与无彩色

从色彩的系统上分类，色彩可分为有彩色系列和无彩色系列。有彩色系列即可见光中的全部色彩，是由红、橙、黄、绿、青、蓝、紫以及由这些颜色相互调和或与黑白灰之间不等量的混合后调配出来的种种色彩。无彩色系列是指不具有任何色彩倾向，由黑色、灰色、白色组成的不同梯次的系列（见图2-2-4）。无彩色只有明度没有色相和纯度。黑色、白色在整个色彩系统中又被称为极色，色彩调配时加入适量的黑色或白色，可以起到降低或提高色彩明度的作用。黑色、白色、灰色虽然属于无彩的明度系列，但是在整个色彩系统中所扮演的绝不是可有可无的角色，而是与有彩色共同构成了色彩世界。它们不仅在人们的心理上具有色的性质，在颜料中也具有不可或缺的重要作用。另一方面可以彼此映衬，在色彩表现上形成整体的协调关系。

图2-2-4 无彩色系列

▶▶▶（二）色彩三要素

色彩三要素（elements of color）：色彩可用色调（色相）、饱和度（纯度）和明度来描述。人眼看到的任一彩色光都是这三个特性的综合效果，这三个特性即色彩的三要素。其中色调与光波的波长有直接关系，亮度和饱和度与光波的幅度有关。

1. 明度

表示色所具有的亮度和暗度被称为明度。计算明度的基准是灰度测试卡。黑色为0，白色为10，在0~10之间等间隔的排列为9个阶段。色彩可以分为有彩色和无彩色，但后者仍然存在着明度。作为有彩色，每种色各自的亮度、暗度在灰度测试卡上都具有相应的位置值。彩度高的色对明度有很大的影响，不太容易辨别。在明亮的地方鉴别色的明度是比较容易的，在暗的地方就难以鉴别。

2. 饱和度

用数值表示色的鲜艳或鲜明的程度，称之为彩度。有彩色的各种色都具有彩度值，无彩色的彩度值为0，对于有彩色的彩度（纯度）的高低，区别方法是根据这种色中含灰色的程度来计算。彩度由于色相的不同而不同，而且即使是相同的色相，因为明度不同，彩度也会随之变化。

3. 色相

色彩是物体上的物理性的光反射到人眼视神经上所产生的感觉。色的不同是由光的波长的长短差别所决定的。色相指的是这些不同波长的色的情况。波长最长的是红色,最短的是紫色。把红、橙、黄、绿、蓝、紫和处在它们各自之间的红橙、黄橙、黄绿、蓝绿、蓝紫、红紫这6种中间色——共计12种色作为色相环(见图2-2-5),在色相环上排列的色是纯度高的色,被称为纯色。这些色在环上的位置是根据视觉和感觉的相等间隔来进行安排的。用类似的方法还可以再分出差别细微的多种色来。在色相环上,与环中心对称,并在成180°的位置的两色被称为互补色。

三、原色与混合色

▶▶▶ (一) 原色

原色是指其他任何颜色都调和不出来的色彩,但原色却可以调出任何色彩。原色包括红、黄、蓝三色,它们是构成各种色彩关系最基本的色彩(见图2-2-6)。

图2-2-5 12色相环

图2-2-6 颜料三原色 减色混合

▶▶▶ (二) 间色

间色又称二次色,指三原色中任意两种颜色调配而产生的颜色,如橙、绿、紫三色。间色使色彩逐渐变得丰富起来,明度、纯度、色相本身及其相互关系趋向多样和复杂,也使原色由强烈的对比走向基本的和谐,给色彩的表现注入了新的活力。

▶▶▶ (三) 复色

复色是原色与间色、间色与间色相调而产生的颜色,它经历了多次相加、调配的过程,因此又称为再间色或三次色。复色中必然包含了所有的原色成分,只是各原色间的比例不等,从而形成了不同色彩倾向的灰调色。复色若运用得恰如其分,可以使画面产生柔和、典雅、含蓄、高贵等效果;反之,也会形成灰暗、混浊、无生气的画面。

▶▶▶ (四) 同种色

颜色产生不同明度变化,称同种色。如将翠绿色加白色或加黑色,会出现许多深浅不同的绿色,这深浅不同的绿色称为同种色。

▶▶▶ （五）同类色

两种以上的颜色调配而产生的颜色，其主要的色素倾向比较接近，如红色类的朱红、大红、玫瑰红，都主要包含红色色素，称同类色。其他如黄色类中的柠檬黄、中铬黄、土黄，蓝色类的普蓝、钴蓝、湖蓝、群青等，都属同类色关系。

▶▶▶ （六）类似色

在色环上任意60°以内的颜色，各色之间含有共同色素，故称类似色。

▶▶▶ （七）邻近色

在24色相环上任选一色，与此色相距90°，或者彼此相隔五六个数位的两色，即称为邻近色。

▶▶▶ （八）对比色

在24色环上任一色，与跟此色相距120°～180°的另一色，称为对比色。

▶▶▶ （九）补色

补色又称互补色、余色，亦称强度比色，就是两种颜色（等量）混合后呈黑灰色，那么这两种颜色一定互为补色。色环的任何直径两端相对之色都称为互补色。

类似色、邻近色、对比色、互补色关系图，如图2-2-7所示。

图2-2-7 类似色、邻近色、对比色、互补色关系

四、光源色、物体色、环境色与条件色

▶▶▶ （一）光源色

光源色指某种光线（太阳光、月光、灯光、蜡烛光等）照射到物体后所产生的色彩变化。

在日常生活中，同样一个物体，在不同的光线照射下会呈现不同的色彩变化（见图2-2-8）。比如同是阳光，早晨、中午、傍晚的色彩也是不相同的：早晨偏黄色、玫瑰色；中午偏白色，而黄昏则偏橘红、橘黄色。阳光还因季节的不同，呈现出不同的色彩变化：夏天阳光直射，光线偏冷，而冬天阳光则偏暖。光源颜色越强烈，对固有色的影响也就越大，甚至可以改变固有色。比如一堵白墙，在中午阳光照射下呈白色，在早晨的阳光照射下则呈淡黄色，在晚霞的照射下又呈橘红色，在月亮下则呈灰蓝色。所以光线的颜色直接影响物体固有色的变化。光源色在色彩写生中尤为重要。

图2-2-8 干草垛系列 莫奈（法国）

▶▶▶ （二）物体色

光照到物体上，经物体表面的反射，进入我们的眼睛而呈现的色称物体色。物体色与照射物体的光源色和物体的物理特性有关，相同的物体在不同的光源下将呈现不同的色彩。因为太阳光以同样的比例包含着各波长的光，因此阳光看起来无色。由于其中所包含各波长的光的比例不同，或者缺少一部分，从而表现成各种各样的色彩。自然界的各种物体都是受光的反射体，即受光体。每一种物体的质量与所含的元素不同，因此对各种波长的光都具有选择性的吸收与反射、透射的功能。人们习惯于把白色阳光下物质呈现的色彩效果的总和称为"固有色"。

▶▶▶ （三）环境色与条件色

环境色与条件色是指照明或其他关系而引起经常变化的色，它是环境光反射到特定物体上所呈现出的色彩。一般来说，环境色取决于环境物的色相受光的强弱以及反射角度的大小。每个物体虽然由于光的作用，都具有它们自己的固有色，但这种固有色不仅受到光源色的影响而起变化，而且还受周围色彩环境的影响而随时变化。这是物体和物体之间的互相反射作用的结果。图2-2-9为塞尚的静物作

图2-2-9 静物 塞尚（法国）

品，可以看到画面左边的橘子受到右边苹果的影响，这就是环境色的影响。而条件色的含义则更为广泛些，不仅包括环境色，而且指一切物体在不同的光源色与环境色以及空间距离等外界的条件影响下所产生的色彩变化，统称为条件色。

五、色性

色性是色彩带给人的冷暖感觉和联想。在色相环状上，红、橙、黄属暖色；绿、青、紫属冷色。当我们看到红、橙、黄等暖色时，往往会联想到太阳、大火或喜庆热烈场面，并产生一种温暖的感觉；反之看到绿、青、紫等冷色时，会联想到月光、冰雪、海水、树林，并产生凉爽或寒冷的感觉。在一色中，如在大红色中稍混入黄色会变得暖些，稍混入蓝色就变得冷些。现实生活中的色彩千变万化，把色彩分为冷、暖两大对立系统，以此来比较冷、暖倾向，就能够寻找到展现在我们眼前的任何一种复杂而微妙的色彩。色彩的冷暖感觉在视觉上还能产生距离感，称为色彩的透视。它在风景写生中尤为重要。同一色彩距离我们远时，对比弱，增强冷色感觉；距离近时，对比强，增强暖色感觉。

六、客观色彩与主观色彩

研究客观色彩是学习色彩表现的基础，一般以写生训练为主，侧重研究自然中色彩的变化规律，掌握捕捉和采集变化丰富、多样复杂色彩关系的能力，并且通过观察与表现积累经验，通晓法则，为自然而然地过渡到设计创作应用、提升驾驭色彩的本领奠定基础。主观色彩表现是学习色彩表现的延续阶段，侧重研究色彩表现人为的形式构成效果。如果说研究客观色彩是为了达到对色彩客观真实再现的话，那么研究主观色彩则是为了能够灵活运用色彩，达到满足个性审美表现的需要。这两种研究层次不同，但殊途同归，又因不同的需要，有时还会交叉进行。

▶▶▶ （一）客观色彩

客观色彩即表现物体客观存在的颜色，是以写生的方式对自然色彩进行表现性描绘（见图2-2-10）。通过对活生生客观存在的物象本身的固有色、光源色、环境色等因素

图2-2-10　风景　贝尔纳多·贝洛托（波兰）

的观察确认，真实记录它们在客观条件下呈现出的一种真实的色彩状态。这种表现以反映和捕捉客观真实的自然光色现象为主线，在准确把握光色关系和利用光色规律的前提下，表现真情实景所特有的并具视觉感染力的光色氛围。在写生中，物体的固有色给予我们最客观的感受，但由于光源、环境等因素，画面上的固有色多半受到光源色和条件色的影响。特别是在光源较强的情况下，物体表面的固有色会被浓重的光色所笼罩。光源色不但对物体的受光部分产生影响，同一环境中的物体因光色的折射作用也相互影响，这种影响主要作用于物体的背光处，它们之间相互辉映、相互交融，形成一种和谐的整体氛围。

▶▶▶ （二）主观色彩

主观色彩在写生色彩和设计色彩中均可以应用。例如，写生时，不可能把自然界里物象的色彩原原本本地复制到画面上来。当难以明确表现画面中某一处色彩倾向时，可根据画面整体的色彩关系进行判断并加以明确，这种做法其实已经使画面的色彩表现存在主观因素了（见图2-2-11、图2-2-12）。另外，表现物象时只是将固有色、光源色、环境色作为参照对象，作者为了表达某种意图或需求，有时会主观添加颜色。这种打破习惯方式、张扬艺术个性、以自己的主观方式运用色彩以增强艺术表现力的绘画行为，与作者的思想、感情、内在气质、精神追求相关，我们不能把它看作完全脱离客观现实、没有目的和意图的涂鸦，画面上的主观色彩仍以对客观色彩感受为依据，它经历了对客观色彩的整合、提炼、抽象，并使之与特定主题及内容相吻合，借以传达自己的个性（见图2-2-13、图2-2-14）。主观色彩在设计表现中的应用，一般排除自然界中光源色与环境色的影响，除把自然界中的色彩关系进行综合、概括、抽象以外，多是利用属于色彩自律性的浓淡、冷暖、明暗、互补等对比手法进行色彩的艺术创造。色彩可以不再是物体本身的自然颜色，而是人们根据审美需要，对色彩进行多种艺术处理和加工，这是人们对自然色彩的再创造，是人们主观赋予物体的一种抽象色彩，以满足人们对色彩魅力欣赏的多种需要。主观色彩表现的训练与客观色彩表现训练同样重要，也属于基础训练的范畴，尤其对摆脱只依赖写生而不会组织和处理画面色彩结构，以及不能有效提炼出贴切表现意图的做法非常有效。同时，对培养色彩感觉、逐渐发展色彩表现的审美个性与情趣都至关重要。

图2-2-11　拿烟斗的男子　毕加索
（西班牙）

图2-2-12　妻子像　塞尚
（法国）

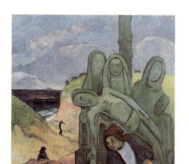
图 2-2-13　基督　高更（法国）

图 2-2-14　戴帽子的妇人　马蒂斯（法国）

任务 2　水彩画基础

任务导出

水彩画概念
水彩画题材
水彩画工具与材料
水彩画技法

任务分析

水彩画概念、题材、工具与材料等均是基础理论知识，需要集中注意力认识学习，对今后的水彩画临摹与写生有着至关重要的作用。

一、水彩画

水彩画是用水调和透明颜料作画的一种绘画方法，简称水彩，由于色彩透明，一层颜色覆盖另一层可以产生特殊的效果，但调和颜色过多或覆盖过多会使色彩肮脏，水干燥得快，所以水彩画不适宜制作大幅作品，适合制作风景等清新明快的小幅画作（见图 2-2-15）。

水彩画就其本身而言，具有两

图 2-2-15　风景　怀斯（美国）

个基本特征：一是画面大多具有通透的视觉感觉；二是绘画过程中水的流动性。由此造成了水彩画不同于其他画种的外表风貌和创作技法。颜料的透明性使水彩画产生一种明澈的表面效果，而水的流动性会生成淋漓酣畅、自然洒脱的意趣（见图2-2-16、图2-2-17）。

图2-2-16　风景　透纳（英国）

图2-2-17　朗卢桥　凡·高（荷兰）

题材选择

水彩画在题材选择方面是十分广泛的，风景画是水彩画画家们非常青睐的一种题材，大自然为我们呈现出无比丰富而生动的色彩，无论是温暖绚丽的阳光还是深沉辽阔的海洋，无论是明媚斑斓的花木还是清冷阴霾的云朵，无不唤起艺术家内心的色彩冲动和表现欲望。钟情于大自然的画家永远不知疲倦的通过风景画来表达他们的色彩世界（见图2-2-18）。

图2-2-18　风景　爱德华·锡戈（英国）

静物也是水彩画中常见的题材，静物种类繁多、形式多样、色彩丰富，艺术家可以根据自己的意图有意安排所需要的内容和构图，从而创作出意味深长的静物画作品（见图2-2-19、图2-2-20）。

图 2-2-19 静物 爱德华·锡戈（英国）

图 2-2-20 静物 怀斯（美国）

相比之下人物画对画家的技法熟练程度要求比较高，首先要具有很好的人物画素描基础，同时还需具备丰富的水彩画经验，因此人物题材不是初学者的最好选择（见图 2-2-21、图 2-2-22）。

图 2-2-21 人像 佐恩（瑞典）

图 2-2-22 人体 怀斯（美国）

二、工具材料

常用的水彩画工具，如图 2-2-23 所示。

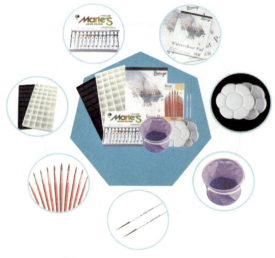
图 2-2-23 水彩画用工具

▶▶▶ （一）画笔

对水彩画来说，选择适用的画笔是很重要的（见图2-2-24），专用的水彩画笔大致有平头和圆头两类。大部分水彩画笔是用天然与合成材料做笔毛，也有价格昂贵的貂毛画笔，但对于一般的水彩画爱好者来说采用普通画笔就足够了。从事一般性的写生或创作需要准备大、中、小三种型号的圆头画笔，还要准备一把3~4厘米宽的板刷和一两支平头画笔。以上只是对初学者的建议，专业水彩画家都是根据自己的经验和兴趣去选择工具的。

图2-2-24　水彩画用笔

一支典型的水彩笔由笔杆、笔毛及金属套管3部分组合而成。一支笔的好坏除了要看笔杆是否挺直、金属套管是否坚固之外，最重要的是笔毛的材料，一般有貂毛、松鼠毛、牛耳毛、猪鬃、狸毛、小马毛及尼龙毛等多种。其中貂毛笔柔软而富有弹性，含水性佳且耐用，是最高级的水彩笔。尼龙毛笔的聚集性很强，弹性大，但含水量较小，颜料不易释出，所以画完后，仅在水盂中搅拌无法清除干净，须以手指挤压才能洗净；其价格最便宜。猪鬃笔弹性强，但质地较硬，适合处理粗糙的效果。牛耳毛、松鼠毛、小马毛及国内产生的狸毛水彩笔均不错。依笔的形状，可区分成圆笔及平笔两种：圆笔适合勾绘与描写，平笔适合平涂及画方正的块面、线条。另外还有专门画线条用的线笔及大面积涂刷的排笔。一般水彩笔大小尺寸共有13种，是以号数来区分，有0、1、2……12号，12号为最大。也有特别的小号00或000，视厂牌而定。国产的水彩笔大都以偶数号来区分，即0、2、4~20、22，最大也有24号的。画者可视画面大小及描写的需求，每幅作品只要用4~5种不同尺寸的画笔即可。

选购水彩笔应注意下列几点：有适度的弹性、充足的含水量，金属套管坚固，笔毛平整滑顺，若带有尖锐的笔锋更佳，可方便处理细节。选用大小不同尺寸的笔，可以满足大块渲染及修饰细节之用。水彩笔使用后，应立即清洗干净，并将水分挤出或用布吸干，整理笔毛使之平顺，平放于干燥通风处，待全干后再收进盒中或倒置于笔筒内。

▶▶▶ （二）画纸

画纸可以选用冷压水彩纸，水彩纸的表面颗粒有粗细之分（见图2-2-25），选择

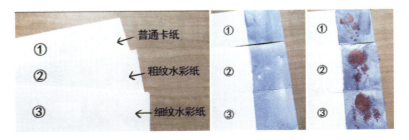

图2-2-25　水彩画用纸

哪一种取决于个人习惯以及画面内容和画幅尺度等因素。对于初学者来说，适宜的画幅尺度一般不要小于20厘米×30厘米，也不要大于40厘米×50厘米，长和宽的比例则根据兴趣和题材内容而定。作画之前最好先用清水将画纸的两面全部刷湿，然后用水融胶带沿着纸张的四边把画纸粘贴在画板上，这样一来待干燥后纸面会非常平整，而且在绘画过程中纸面也不会出现太大的变形。

大部分的水彩纸规格是以22×30英寸为基准，我们一般称之为对开（2K），大约是56厘米×76厘米的尺寸，将对开的纸张对折为4开（4K），再对折则为8开（8K），依此类推。市面上通常可以买到的纸张，最小为16开，最大为对开的2倍（30×44英寸），称为全开。

▶▶▶ （三）颜料和调色盒

管装颜料（见图2-2-26）是最普遍的，还有固体颜料近几年得到较广泛的应用，以下是一些常用颜色：

红色类：朱红、大红、玫瑰红；
黄色类：柠檬黄、淡黄、土黄、中黄；
蓝色类：普蓝、群青、湖蓝、钴蓝；
绿色类：浅绿、草绿、深绿；
褐色类：生褐、熟褐、赭石；

图2-2-26 水彩颜料

还有一些高级灰色，使用起来能够提高画面的纯度并省略调配的环节。

水彩画颜料种类很多，但一般绘画时不可能所有的颜色都用。实际上经常使用的颜料不过七八种，一般每个人都会有自己的作画习惯。为调色便利，一般按照色彩的冷暖类别依次排列，色彩的常用排列依次为：朱红、大红、玫瑰红、柠檬黄、淡黄、土黄、中黄、浅绿、草绿、深绿、普蓝、群青、湖蓝、钴蓝、生褐、熟褐、赭石。除使用普通调色盒以外，还可以使用其他白色的塑料盘或瓷盘调色。

▶▶▶ （四）其他

除上述之外，还应准备一些辅助工具（见图2-2-27），如刷笔用的水罐、吸水的抹布、留白胶、留白胶带、水胶带、工具箱、有喷雾口的小瓶或纸巾等，另外海绵也是用来清洗和修改画面的常用工具。

图2-2-27 水彩画用的辅助工具

三、水彩画技法

(一) 干画法

干画法是一种多层画法（见图 2-2-28）。用层涂的方法在干的底色上着色，不求渗化效果，可以比较从容地一遍遍着色，较易掌握，适于初学者进行练习。表现肯定、明晰的形体结构和丰富的色彩层次是干画法的特长。但干画法不能只在"干"字方面作文章，画面仍须让人感到水分饱满、水渍湿痕，避免干涩枯燥的毛病。干画法可分层涂、罩色、接色、枯笔等具体方法。

1. 层涂

即干的重叠，在着色干后再涂色，以一层层重叠颜色表现对象。在画面中涂色层数不一，有的地方一遍即可，有的地方需涂两遍三遍或更多，但遍数不宜过多，以免色彩灰脏失去透明感。层涂象有色下面重叠，事先预计透出底色的混合效果，这一点是不能忽略的。

2. 罩色

实际上也是一种干的重叠方法，罩色面积大一些，譬如画面中几块颜色不够统一，得用罩色的方法，蒙罩上一遍颜色使之统一。某一块色过暖，则罩一层冷色改变其冷暖性质。所罩之色应以较鲜明色薄涂，一遍铺过，一般不要回笔，否则带起底色会把色彩搞脏。在着色的过程中和最后调整画面时，经常采用此法。

3. 接色

干的接色是在邻接的颜色干后从其旁涂色，色块之间不渗化，每块颜色本身也可以湿画，增加变化。这种方法的特点是表现的物体轮廓清晰、色彩明快。

4. 枯笔

笔头水少色多，运笔容易出现飞白；用水比较饱满在粗纹纸上快画，也会产生飞白。表现闪光或柔中见刚等效果常常采用枯笔的方法。

图 2-2-28 干画法

(二) 湿画法

湿画法可分湿的重叠和湿的接色（见图 2-2-29）两种。

1. 湿的重叠

将画纸浸湿或部分刷湿，未干时着色和着色未干时重叠颜色。水分、时间掌握得当，效果自然而圆润。表现雨雾气氛、湿润水汪的情趣是其特长，为某些画种所不及。

2. 湿的接色

邻近色未干时接色，水色流渗，交界模糊，表现过渡柔和色彩的渐变多用此法。接色时水分便布要均匀，否则，水多向少处冲流，易产生不必要的水渍。

画水彩大都有干画、湿画结合进行，湿画为主的画面局部采用干画，干画为主的画面也有湿画的部分，干湿结合，表现充分，浓淡枯润，妙趣横生。

图 2-2-29　湿画法

▶▶▶（三）水分的掌握

水分的运用和掌握是水彩技法的要点之一（见图 2-2-30、图 2-2-31、图 2-2-32）。水分在画面上有渗化、流动、蒸发的特性，画水彩要熟悉"水性"。充分发挥水的作用，是画好水彩画的重要因素。掌握水分应掌握时间问题、空气的干湿度和画纸的吸水程度。

1. 时间问题

进行湿画，时间要掌握得恰如其分，叠色太早、太湿易失去应有的形体，太晚底色将干，水色不易渗化，衔接生硬。一般在重叠颜色时，笔头含水宜少，含色要多，便于把握形体，以可使之渗化。如果重叠之色较淡时，要等底色稍干再画。

2. 空气的干湿度

画几张水彩就能体会到，在室内水分干得较慢，在室外潮湿的雨雾天气作画，水分蒸发更慢。在这种情况下，作画用水宜少。在干燥的气候情况下，水分蒸发快，必须多用水，同时加快调色的作画的速度。

图 2-2-30　风景　爱德华·锡戈（英国）

图 2-2-31　风景　佐恩（瑞典）

3. 画纸的吸水程度

要根据纸的吸水快慢相应掌握用水的多少，吸水慢时用水可少；纸质松软吸水较快，用水需增加。另外，大面积渲染晕色用水宜多，如色块较大的天空、地面和静物、人物的背景，用水饱满为宜；描写局部和细节时，用水适当减少。

图 2-2-32　风景　透纳（英国）

任务 3　水彩画静物写生

任务导出

小幅水彩造型练习
水彩静物写生要点与步骤

任务分析

水彩画静物写生是步入水彩画殿堂的"敲门"砖，几乎所有水彩画的基础知识和基本技法都将派上用场，并且会亲身体验到"水""色""时间"三要素所承担的重要性。

水彩静物写生

静物画是水彩画中常用的题材，学习水彩画一般是从静物写生开始的。因为静物造型比较简单，形体静止不动，采光可控，因为较为稳定不易受季节气候变化影响。画者能耐心研究对象的行、色、质、空间和水彩技法。就水彩画练习技巧来说，应注意两点：一是始终强调重视培养和训练初学者的色彩感觉。二是始终强调重视培养和训练初学者熟练掌握水彩画的工具、材料性能和水彩画的基本技巧。因为这是水彩画的基础，可以为下一步学习风景、准备任务打基础。水彩静物画也可以在固定的光源下或者不好捕捉的光源下（逆光、光影、光斑）用相机拍下来，针对静物和照片进行对比，仔细研究物体的光、色、形、质感等，并形成独立的静物创作。水彩静物创作也有很多风格。

在静物写生之前用相对单纯的颜色做一个小幅的水彩造型练习。注意观察物体的素描关系，用单纯色进行造型，有意识地训练用水方法、运笔方法等，为静物写生做好充分的准备（见图2–2–33）。

图 2–2–33　小幅水彩造型练习

技能训练　静物写生要点与步骤

一、观察物体，确定构图。静物摆放好后，学生可选择写生的位置，坐下来认真观察静物，然后考虑构图。构图的原意是设计，即画面的布局安排。静物画的构图必须把握几个原则，即平衡、均稳、变化、统一。静物的构图力求饱满，以便于刻画；另外要运用现代构成原理，追求画面的设计意识，追求形式美。

二、打稿用黑度B或2B型号的铅笔，若铅质太硬会将画纸划出深痕迹；铅质太软则会将画纸弄脏，使涂的水彩污脏，影响透明度。打铅笔稿要准确、肯定，包括轮廓线投影和高光等都不能似是而非，以免到上色时犹豫不决（见图2–2–34）。

三、从主体物开始。一般来说，应该从主体的静物开始。至于从亮色开始还是从暗色开始没有统一的模式，要从作画者有兴致或感兴趣的地方开始比较好，因为作画伊始是人的感觉最好、注意力最集中的时刻（见图2–2–35）。

图 2–2–34　水彩静物画写生　步骤一

四、水彩画的深入刻画较难，因为刻画遍数多了容易脏、焦，而刻画遍数少则很难到位。这就要求作画者分清主次，把握整体。一般来讲，主体物可画三四遍，而陪衬物可画两三遍，衬布和背景尽量画一两遍完成（见图2–2–36）。所有物体的暗部和投影尽量要少反复，最好一两遍画成。画静物画一定要重视物体的投影，特别是主体物的投影要画得重一些。不少人画物体时只盯着静物，而忽视投影，结果物体缺乏量感。还有，一定要处理好静物与背景、静物与静物之间的关系，其中包括明度对比关系、色彩冷暖关系等。对于静物受光部周围的背景一定要画够、画准，否则物体的亮面就亮不起来。

图 2-2-35 水彩静物画写生 步骤二

图 2-2-36 水彩静物画写生 步骤三

五、调整的目的是使画面更统一、更整体。主要抓两头，即检查重色给够了没有，若没有给够就加重加深颜色。另外，检查亮的地方亮起来没有，若没有亮起来，就采用洗的办法。还要检查亮的物体周围的色彩是否太浅或者太灰，这样也会使亮的物体亮不起来。还要看背景花不花，若花就用大笔统一一下。最后还要检查整幅画面的空间感强不强，若不强，该减弱的要减弱。正确的作画步骤程序是顺利完成画面并使其达到预期艺术效果（见图 2-2-37）的保障，对一气呵成的水彩画更显得重要。

图 2-2-37 水彩静物画写生 步骤四

水彩静物画写生作品示例，见图 2-2-38、图 2-2-39、图 2-2-40、图 2-2-41、图 2-2-42、图 2-2-43。

图 2-2-38 水彩静物写生作品（示例一）

图 2-2-39 水彩静物写生作品（示例二）

图 2-2-40 静物 马克·夏卡尔

图 2-2-41 静物 玛蒂达·布朗（美国）

图 2-2-42　瓷器碗中的鸟和樱桃　加佐尼（意大利）

图 2-2-43　静物　蒙特福特（法国）

任务 4　水彩画风景写生

任务导出

优秀作品临摹
水彩风景写生要点与步骤

任务分析

尽可能地多临摹优秀的作品是非常有必要的，也是能画好水彩画风景的必经之路。有目的的临摹可以解决从技法到表现力的诸多问题，达到一定量的练习后可以试着进行一些小幅的风景写生。

相关知识

水彩画风景写生

水彩风景画，始于德国，成熟于18世纪末至19世纪的英国。由于水彩风景画工具简便，携带方便，材料价廉，写生速度快捷，长于表现雨雾朦胧、大雾弥漫、小桥流水的景色，或者转眼即逝的万里彩霞、旭日东出、日落西山等自然景观，因此不少画家外出写生喜欢以水彩形式描绘自然风光。另外，水彩风景轻松，赏心悦目，中外爱好者越来越多，并喜欢以此来装饰居室。中外艺术史上专攻水彩风景的画家不乏其人（见图2-2-44）。

水彩风景画与水彩静物画大不相同：首先，水彩风景画在户外，视野开阔。大千世界、五光十色、包罗万象，而水彩静物画则在室内，内容可控，色彩可红可绿。其次，水彩风景画在户外，光线变化无常，一年四季，阴晴雨雪，变化多端。一日之内

图 2-2-44　水彩风景画
托马斯·吉尔丁（英国）

早、中、晚各不相同。再次，户外光感强，明暗反差很大，光色的相互反射影响也大，调子更趋明朗，时间性很强。而静物画在室内，光线稳定，可以慢慢分析、比较，从容作画。基于以上种种缘由，水彩画风景写生比水彩画静物写生难度大、要求高。在户外写生前，多临摹一些优秀的水彩风景画作品是非常必要的。

水彩画风景写生作品示例，见图2-2-45、图2-2-46。

图2-2-45　水彩写生-树的画法

图2-2-46　水彩风景临摹示例

技能训练　水彩风景画写生要点与步骤

一、先进行构思，这在本质上是对自然景物的一种认识，是作画者对自然景物的感受、认识再现在头脑中的一个过程。风景画构思既然是一种认识活动，就必然要遵循认识事物的普遍规律，也就是要经历从感性到理性、从现象到本质的认识过程。好的风景画构思，离不开作画者的感受与理解。如果仅仅停留在杂乱的感性基础上，对自然景物没有很好的理解，就算不上是好的风景画构思；但如果仅仅停留在抽象的概念的认识上，还不能转化为具体生动的感性形象，也算不上是好的风景画构思。好的风景画构思，是作画者对自然景色的感受与理解的统一。

二、打稿用黑度B或2B型号的铅笔，若铅质太硬会将画纸划出深痕迹；铅质太软则会将画纸弄脏，使涂的水彩污脏，影响透明度。打铅笔稿要准确、肯定，包括轮廓线投影

51

和高光等都不能似是而非，以免到上色时犹豫不决（见图2-2-47、图2-2-48）。

图2-2-47　风景写生　步骤一

图2-2-48　风景写生　步骤二

认真观察找出色块之间的色彩冷暖及明暗关系，形成画面的基本色调，然后再去找每一大块色彩的微差。在作画中应该自始至终做到画面整体统一，完成整体—局部—整体的过程，这是风景画写生的一个规律。在不断深入画面色彩关系的过程中，细节已经逐渐出现（见图2-2-49），这就要求画者重新回到整体的大关系中，以避免因细节的刻画而导致画面的琐碎，看看局部的色彩变化是否影响到了大的色彩关系，在达到总体画面效果的基础上进行局部的细致刻画。有时候为了画面整体的效果，就必须忽略一些局部的细节造型。要始终把注意力放在整体上，注意色彩关系，以保持画面"气韵生动"（见图2-2-50）。

图2-2-49　风景写生　步骤三

图2-2-50　风景写生　步骤四

三、进一步深入刻画，灵活运用干、湿结合的技法增强水彩画的韵味，夸张主体之势，压减配景之形，做到主次明确、层次清楚、强弱有别、富有节奏变化。用形式美法则微量整个画面，及时加强或减弱画面的局部，使画面达到和谐、统一。地面要保持较高的亮度，并用枯笔画方法进行处理，加强受光感和变化（见图2-2-51）。

四、调整的目的是使画面更统一，更整体。主要抓两头，即检查重色给够了没有，若没有给够就加重深颜色。另外，检查亮的地方亮起来没有，若没有亮起来，就采用洗的办法。还要检查亮的物体周围的色彩是否太浅或者太灰，这样也会使亮的物体亮不起来。还要看背景花不花，若花就用大笔统一一下。最后还要检查整幅画面的空间感强不强，若不强，该减弱的要减弱。正确的作画步骤程序是顺利完成画面并使其达到预期艺术效果的保障，对一气呵成的水彩画更显得尤为重要（见图2－2－52）。

图2－2－51　风景写生　步骤五

图2－2－52　风景写生　步骤六

水彩风景画作品示例，见图2－2－53、图2－2－54。

图2－2－53　风景　怀斯（美国）

图2－2－54　风景　爱德华·锡戈（英国）

项目3　简笔画

【项目介绍】　本项目主要内容有：简笔画基础知识，日用品、交通工具、植物、风景建筑、动物、人物等画法步骤及参考资料以及情景简笔画和幼儿简笔画创作方法。

【知识目标】　简笔画是一种实用、方便、易行的教学辅助工具。它可以在短时间内完成，容易被幼儿接受，并能激发幼儿的学习兴趣，吸引幼儿的注意力。简笔画教学，用简练的线条、笔画，塑造出简洁、生动、易懂的形象，并与教学内容有机结合起来，适应幼儿的心理特征和审美情趣，是受幼儿欢迎的美术活动内容。

【技能目标】　简笔画是对客观事物的反映，具有形象直观的特点，在教学中可以通过简笔画来创设情景，充分利用简笔画在教学中具有的形象直观、生动活泼的特点来进行情景教学。简笔画的造型方法，有助于幼儿教师掌握视觉表达形式、构图视觉心理与平面构成基本知识，是提高技能、传达态度与情感的必要手段。

【素质目标】　幼儿教师若要在课堂上娴熟自如地运用简笔画与幼儿交流，课前必须吃透教学内容，设计视觉形象，加强绘画练习，这是一个有效地提高幼儿教师业务素质的实践过程。系统地掌握简笔画的知识与技能，是每个幼儿教师必备的教学基本功之一。

任务1　简笔画基础知识

任务导出

简笔画概述
简笔画的特点
简笔画造型原理

任务分析

了解掌握简笔画的特点和造型原理，用线画法、平面图形法、线面结合的方法表现物象特征，并用点、线、面来丰富画面效果。使学生掌握简笔画这一技能，并善于运用此项技能帮助实现高效、有趣、直观的课堂教学活动。

一、简笔画

所谓简笔画教学，是用简单的线条所勾画的、辅助板书和语言、生动形象地说明教学内容的简单图画。它包含的内容广，仅寥寥几笔便可以表现与表达你所要说明的问题；它既是学习其他绘画的基础，又是具有熟练绘画能力的前提，对于学前教育的幼儿来说易掌握。在教学中运用，简笔画可产生一种潜在的"心理效应"，能够展现幼儿教师的业务水平与艺术修养，给学前幼儿以潜移默化的影响和熏陶，起到传授学前教育知识的作用。

二、简笔画的特点

简笔画具有概括、形象、实用、易学、好记、有趣味等特点。

（一）概括形象

简笔画用"删繁就简"原则，对所表现对象的特征进行提炼概括，将主要特征表现出来，省略了细节。简笔画虽是经过提炼和概括的绘画过程，但由于抓住了物象的主要特征，因此，它的形象更加直观、生动和风趣。

（二）实用易学

由于简笔画具有高度概括、鲜明直观等特征，在教学领域、公共服务场所和其他很多领域中都广泛应用。简笔画少则一两笔、多则五六笔，就可以将物像生动活泼地展现出来，是每个学习者都能掌握的一种绘画技能。

（三）好记趣味

简笔画通常用单线和几何图形表现，不求细节，着眼于物体大的外形轮廓和主要特征，既形象又生动，一目了然。通过夸张、变形和拟人的方法处理的简笔画往往具有很强的趣味性。

三、简笔画造型原理

（一）线画法

使用简单的线条，勾勒出对象的外形特征、动态特征，并适当加以夸张，使形象更为生动。线画法是其他画法的基础。

（二）平面图形画法

用各种图形代表对象的各个部分，再加以组合。简练、夸张、形象生动。

（三）线面结合的画法

在线画法的基础上，涂上各色块面，更加突出物体特征，富有装饰感。根据多年的教学经验积累，对生活中的物象在内容上进行分类，以便更好地了解它们的结构、特征，针对性地加以练习；练习的目的不只是了解其结构关系，它也是记忆形象的一种方法。简笔画题材从内容上大致可以分为花卉、水果及蔬菜、交通工具、风景建筑、动物、人物及生活用品等几大类，针对不同的特征应采用不同的表现方法。

四、简笔画的画法与步骤

任何一个绘画形式都有自己独特的画法和步骤。因此，在画简笔画时，要用它特有的

画法，根据它的绘画步骤来进行绘画。

（一）点、线、面是简笔画造型的基本方法、特点和表现形式。点、线、面作为绘画语言的重要组成部分，有大小粗细之分，有虚实之分，有规则与不规则之分等。

（二）简笔画的表现要求删繁就简、形象生动、一气呵成。因此，在表现过程中，点、线、面是占有重要作用的基本元素，它们之间要相辅相成。

任务2　日用品简笔画

任务导出

日用品简笔画的画法
器物简笔画的绘画步骤
日用品：如电器、服饰等

任务分析

日用品要从它的造型特点出发，了解其物象的结构、形状、比例，准确描绘出其外在造型。

了解各种日用品的造型构造特点，选择恰当的角度表现物象特点并掌握画法步骤。

一、日用品简笔画的画法

画日用品时，首先要掌握器皿的构造，比如构造简单的器物的基本外形、构造复杂的器物的结构关系等。如电器是一个整体的构造，而桌子是由桌面与桌脚组成的。多数物体一般都是由两种或两种以上的形体组成的。

二、日用品简笔画的绘画步骤

▶▶▶（一）观察分析物象

对所要画的日用品进行观察：先分析它的结构、形状、比例、组织特征以及线条、色彩等；再从整体到局部去观察、分析。如观察瓶子是由哪几个部分组成的、杯子的整体形状和局部形状，比较各种瓶子的大小、长宽比例、颜色等。

▶▶▶（二）选择恰当的表现角度

对于一个物体来说，不可能每个角度都能表现它的主要特征。因此，在绘画时首先选择恰当的表现角度。如电视机只能从正面去表现，侧面和背面表现不出它的特征。

▶▶▶（三）抓物象特征

每个日用品都有自己区别于其他器物的特征，比如同样是长方形外形的电视与衣柜，它们的特征就在于正面的电视屏和衣柜门。这些我们都要认真观察，充分理解。

技能训练

一、日用品：如电器、家具。从外观造型上分析这些物体较为几何化，一般就运用基本形块来概括外形，再画出局部特征。最主要运用平面图形画法。

（一）杯子画法步骤（见图2-3-1）：1. 先画横竖。2. 画成方形。3. 画盖和手把。4. 装饰杯体。

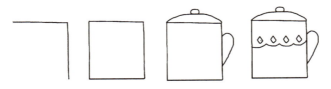

图2-3-1　杯子的画法

（二）电饭锅画法步骤（见图2-3-2）：1. 画倒梯形。2. 上画小梯形。3. 画横线和手把。4. 完善画面。

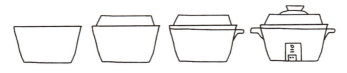

图2-3-2　电饭锅的画法

（三）箱包画法步骤（见图2-3-3）：1. 画三角形。2. 右面画平行四边形。3. 画手把。4. 修饰完善。

图2-3-3　箱包的画法

（四）梳妆台画法（见图2-3-4）：1. 一横四竖画桌面。2. 两个短横一长横再画手把。3. 用半圆形画镜子。

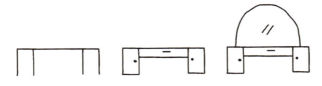

图2-3-4　梳妆台的画法

二、拓展组合练习范画（见图2-3-5、图2-3-6）：1. 确定题材内容。2. 画面构思。3. 组合画面。

图 2-3-5 椅子、电话

图 2-3-6 电视、台灯

课后练习：创编两幅日常生活用品组合简笔画。

参考资料

日用品画参考资料，见图 2-3-7、图 2-3-8。

图 2-3-7 皮包简笔画

图 2-3-8 文具简笔画

任务 3 交通工具简笔画

任务导出

交通工具简笔画的画法
交通工具简笔画的绘画步骤

任务分析

学生首次学习交通工具简笔画，应引导学生使用线条造型，掌握交通工具的特点及确立造型观念，从感性上加深对线条造型、结构等的理解。

相关知识

交通工具，大家一般都知道：车子的轮子是圆的，火车的车身是长方形的，公共汽车的车身也是长方形的；大轮船就像一幢大楼房，飞机有翅膀。这些都是交通工具最典型的特征，只要抓住这些特征，利用几何图形，结合运用平面图形的画法和线面结合的画法，来描绘这些交通工具。

技能训练

一、交通工具画法步骤

（一）自行车的画法（见图 2-3-9）：1. 画 U 形把斜线杆。2. 用多边形画框架。3. 画两个圆扁车轮，再画小圆。4. 最后画鞍座和脚蹬。

图 2-3-9 自行车的画法

（二）轿车的画法（见图 2-3-10）：1. 画梯形，上面变圆角。2. 一横五斜线完成车体。3. 用圆画车轮和灯。

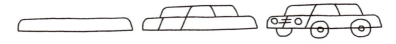

图 2-3-10 轿车的画法

（三）载重车的画法（见图 2-3-11）：1. 先画车头，后画车身。2. 画车头盖与门玻璃。3. 最后画车轮。

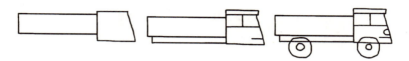

图 2-3-11 载重车的画法

（四）飞机的画法（见图2-3-12）：1.上下曲线画机身。2.再画翅膀和机尾。3.后画驾驶室和车轮。

图 2-3-12 飞机的画法

（五）船的画法（见图2-3-13）：1.二横线船头船尾突出来。2.画船舱。3.完善船体。

图 2-3-13 船的画法

二、拓展练习

简笔画作品《海边船》，见图2-3-14。

图 2-3-14 《海边船》

课后练习：创编一幅交通工具简笔画。

参考资料

交通工具参考资料，见图 2–3–15、图 2–3–16、图 2–3–17、图 2–3–18、图 2–3–19。

图 2–3–15　小汽车简笔画

图 2–3–16　特种车简笔画

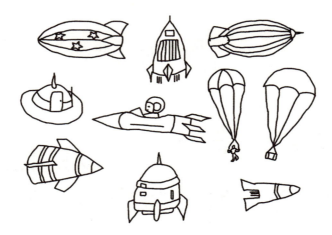

图 2-3-17 飞行器简笔画

图 2-3-18 船舶简笔画

图 2-3-19 自行车/电动车简笔画

任务 4　植物简笔画

任务导出

花卉、水果、蔬菜、树木结构特点及基本知识和作画步骤。

任务分析

生动形象的花卉绘画可以使孩子们玩得更开心，学习更有兴趣。用简笔画的绘画形式与幼儿进行各种绘画游戏。

植物一般分为木本、草本、藤本三大类。在自然状态下生长的植物，呈现出自然、丰富、多变的形态，具有不同的视觉美感。虽然植物具有复杂的外形，但是我们整体概括它的形态并不十分困难。我们要从造型的角度，利用基本符号来表现植物的特点，掌握程式化的方法。

技能训练

一、花卉、水果及蔬菜

每个人都观赏过鲜花及各类植物，有些花虽然叫不上名，但它们凭借自身所特有的形状色彩会在我们的头脑中留下深刻的印象。在绘画中，首先从生长规律了解结构关系，进而概括外形，这样就可以用注重外形特征及细节结构表现这两种方法来勾勒出植物。在细节结构表现中，又可以对干、枝、叶分别进行设计再重新组合，使画更具有层次感。通常采用平面图形画法和线描法。

（一）花的画法（见图 2 - 3 - 20）：1. 两朵花一前一后。2. 画枝干和花托。3. 画花心和叶。

图 2 - 3 - 20　花的画法

（二）菠萝的画法（见图 2 - 3 - 21）：1. 画椭圆形是菠萝身。2. 画二叶。3. 添加叶子，丰富画面。4. 画网格，完善画。

图 2-3-21　菠萝的画法

（三）白菜的画法（见图 2-3-22）：1. 画小椭圆。2. 三条曲线是白菜身。3. 用不规则弧线画叶子。

图 2-3-22　白菜的画法

（四）玉米的画法（见图 2-3-23）：1. 画小椭圆。2. 两片橄榄形叶皮包裹着玉米。3. 弧线画玉米身。4. 四横四竖画玉米粒。

图 2-3-23　玉米的画法

二、树木

树木可以分为树干、树枝、树冠三部分，树枝有轮生和互生之分，由于树的种类不同，树的外形存在很大的不同，但基本上树冠可以用圆形、椭圆形、半圆形、三角形来概括。树枝的分布一般上密下疏、上短下长、上细下粗；树干或挺拔或弯曲，或单细或粗壮。掌握了这些规律，就能够画出不同树的特点来。

（一）树的画法步骤（见图 2-3-24）：1. 先画一竖一横。2. 完善树干枝。3. 半圆形组合画树叶。

图 2-3-24　树的画法

（二）树林的画法（见图 2-3-25）：1. 几根竖线是树干。2. 用八字形画树叶。3. 完善丰富画面。

图 2-3-25 树林的画法

课后练习：熟练掌握各种植物的表现方法。

参考资料

各类果蔬、树木的简笔画参考资料，见图 2-3-26、图 2-3-27、图 2-3-28、图 2-3-29。

图 2-3-26 果蔬简笔画（一）

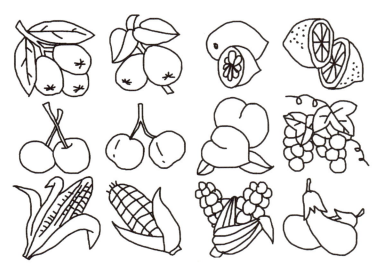

图 2-3-27 果蔬简笔画（二）

图 2-3-28　果蔬简笔画（三）

图 2-3-29　树木简笔画

任务5　风景建筑简笔画

任务导出

景物、建筑结构、风景的表现方法
构图，构图方法
风景建筑作画步骤

任务分析

主要了解自然景物画法及建筑的构造特点、风景建筑的构图及表现手段，从中理解自然景物描绘方法、建筑的外形特点的表现方法。

一、景物：景物简笔画表现的对象是自然景象和建筑，所描绘的对象丰富又复杂，大

到日月星辰、江河湖海，小到花草树木，都要用简洁的画法来表现景物，除了要进行高度的概括和归纳，还要研究表现景物的各种方法。

二、建筑：建筑结构主要由房体、屋顶、门窗、墙饰组成，由于东西文化的差异，在建筑手法上也迥然不同。西方建筑注重纵势，东方则讲究横势。中国古代建筑的大屋檐瓦顶、哥特式建筑的高耸顶尖、伊斯兰建筑的拱形圆顶，都把自己的独特文化魅力表现得淋漓尽致。通常我们在画这些物体时先勾画大块的形块结构，再施以点、线，使形块间富有变化；如再添一些植物、风景，画面会更有情趣。

三、风景表现方法

（一）构图：构图就是把要画的事物安排在画面中合适的位置，使其具有合理的视觉感受。合理的位置布局表现出美的效果。

1. 地平线

地平线是指地面与天空的分隔线。在画中，地平线的上方代表天空，下方代表地面，所以这条线的位置就显得非常重要。

2. 主要景物与次要景物

景物简笔画一般分近景、中景和远景三个层次。一幅画中要表现的内容往往很多，这时画面的布局就应有主次之分、远近之别。主体物要突出，放在画面中视觉感比较重要的位置；其他次要的景物可做点缀，放在主体的周围。

（二）构图方法：Z字形构图，十字形构图，三角形构图等多种构图方法。

1. Z字形构图（见图2－3－30）

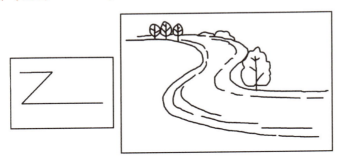

图2－3－30　Z字形构图方法

2. 十字形构图（见图2－3－31）

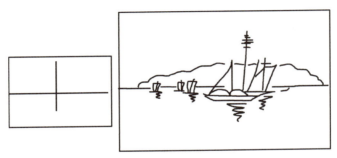

图2－3－31　十字形构图方法

3. 三角形构图（见图 2-3-32）

图 2-3-32　三角形构图方法

技能训练

一、风景

（一）树及道路的画法（见图 2-3-33）：1. 画三根窄三角形，这是树干。2. 画树冠。3. 画道路和地平线。4. 画远处景和月亮。

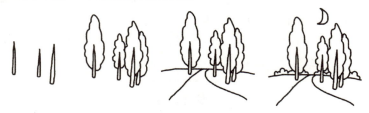

图 2-3-33　树与道路的画法

（二）蒙古包和草原的画法（见图 2-3-34）：1. 上半圆，两侧直线，底下是曲线。2. 画栅栏和远处地平线。3. 画远山和远景。

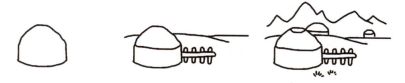

图 2-3-34　蒙古包的画法

风景简笔画拓展练习范画，见图 2-3-35。

图 2-3-35　建筑风景简笔画示例

课后练习：创编两幅风景简笔画。

参考资料

树木、风景（含房屋）简笔画参考资料，见图2-3-36、图2-3-37。

图2-3-36 树木、风景（含房屋）简笔画（一）

图 2-3-37 树木、风景（含房屋）简笔画（二）

二、建筑

（一）房屋的画法（见图 2-3-38）：1. 画双倒 V 形。2. 画墙体。3. 画门、窗户和烟筒。

图 2-3-38 房屋的画法

（二）桥的画法（见图 2-3-39）：1. 画半圆。2. 画三个拱形门和桥护栏。3. 用线段连护栏。

图 2-3-39　桥的画法

（三）楼房的画法（见图 2-3-40）：1. 一横两竖楼主体。2. 画地线。3. 画右面楼体。4. 画窗户屋顶。

图 2-3-40　楼房的画法

（四）古建筑的画法（见图 2-3-41）：1. 画三角形，两头翘起。2. 斜线画屋顶，分割垂直线画房体。3. 完善画面。

图 2-3-41　古建筑的画法

课后练习：完成两幅风景建筑简笔画。

参考资料

风景建筑物简笔画参考资料，见图 2-3-42。

图 2-3-42　建筑物简笔画

图2-3-42 建筑物简笔画（续图）

任务6　动物简笔画

🍃 任务导出

鸟禽类、水生动物类、四足类、昆虫类简笔画基本知识

🍃 任务分析

主要是了解各种动物的个性特点和结构外形特点，熟练掌握技能，能够用简笔画的形式创编不同内容的、幼儿喜欢的绘画作品。

相关知识

动物类形象在表现过程中，先画出大的形块，再根据各自的特点，用不同的符号画出局部特征。如鸟禽类的身体多为半圆形、椭圆形；四肢类动物可用长方形、半圆形概括身体，运动中同侧的前后肢方向正好相反；水族类、昆虫类的体形特征较强，通常可以用一些符号来表示。在分类后的各类中，可设计好身体形块，四肢与头的特征可进行程式转换，使形象一目了然，简便易画。

🍃 技能训练

鸟禽类的身体一般多为椭圆形或者半圆形，主要特征分别在嘴、脖子、腿等位置。鸟禽类的四肢十分纤细，不要画得过于粗壮，注意会游泳的禽类爪上通常有蹼。其主要结构为：头、颈、身、翅、爪、尾。

（一）猫头鹰的画法（见图 2-3-43）：

图 2-3-43　猫头鹰的画法

（二）啄木鸟的画法（见图 2-3-44）：1. 尖尖的嘴巴要有些弧度。2. 肚子要画出鼓鼓的感觉。3. 细细的腿和大大的眼睛。4. 画出场景，完成步骤。

图 2-3-44　啄木鸟的画法

（三）孔雀的画法（见图 2-3-45）：1. 画一个小圆和一个大椭圆，注意它们之间的比例和位置关系。2. 用弧线连接圆和椭圆画出脖子，注意孔雀冠呈发射状。3. 孔雀翎也呈发射状，注意线的长短变化。4. 完善细节。

图 2-3-45　孔雀的画法

二、水生动物类

鱼类的基本形态为三角形、椭圆形或者是三角形和椭圆形的组合。鱼类靠鳍游动，靠尾掌握方向，身上有鳞片。鱼类的主要结构为：头、腮、身、鳍、尾。

（一）鲸鱼的画法（见图 2-3-46）：1. 先画一个半圆。2. 尾巴向上翘起。3. 腹部是一条直线，鳍是圆角且所占的比例较大。4. 完善细节。

图 2-3-46　鲸鱼的画法

（二）海虾的画法（见图2-3-47）：1. 先画出圆圆的一双眼睛。2. 画三角形的头和弯弯的腹部。3. 触角要长一些，且弧度变化要大一些。4. 注意腿的长短变化和转折，腹部的纹路呈螺旋状。

图2-3-47　海虾的画法

三、昆虫类

昆虫的种类千差万别，形态奇特，有的能爬，有的能飞。相对来说，用符号进行概括是最方便的，主要结构为：触角、头、身腹、翅、爪。

（一）蛾的画法（见图2-3-48）：1. 画出圆角三角形，注意线条的起伏和弧度。2. 一横一竖分割出头部和翅膀，注意头部所占的比例。3. 画上眼睛、触角，眼睛要小，触角的弧度较大。

图2-3-48　蛾的画法

（二）蚂蚱的画法（见图2-3-49）：1. 头部是锐角三角形。2. 用更尖的角画出翅膀。3. 后腿要长，注意与翅膀的交叉角度。4. 前腿像字母"M"，触角略微有一些弧度。

图2-3-49　蚂蚱的画法

四、四足类

四足类的形态一般可用长方形、椭圆形来进行概括。四蹄类动物的头、尾和四肢的差别比较大，行走时，同侧的前后肢运动正好相反。食草类动物四足多为蹄，食肉类动物四足多为爪。其主要结构为：头、颈、身、腿、尾。

（一）骆驼的画法（见图2-3-50）：1. 注意头部上沿的弧度，要饱满圆滑。2. 驼峰

图2-3-50　骆驼的画法

和后腿一气呵成，注意转折处处理，分清圆角和直角转折。3. 脖子、前腿和肚子也是一气呵成画出，注意前腿的位置。4. 完成眼睛、尾巴、蹄等细节的刻画，把握好细节特点。

（二）猫的画法（见图2-3-51）：1. 用圆画出头部，背部的弧线要把握好，四肢的走向位置同样很重要。2. 尾巴的长短和弧度同样不可忽视。3. 耳朵要尖且不能太长，前腿细后腿粗。4. 触须呈散射状，眼睛画出叶子状效果更佳。

图2-3-51 猫的画法

课后练习：用所学动物简笔画知识技能创编两幅作业。

参考资料

动物的简笔画参考资料，见图2-3-52、图2-3-53、图2-3-54、图2-3-55、图2-3-56、图2-3-57、图2-3-58、图2-3-59、图2-3-60、图2-3-61、图2-3-62、图2-3-63、图2-3-64。

图2-3-52 鸭子的简笔画

图2-3-53 鹅的简笔画

图2-3-54 猫头鹰的简笔画

图 2-3-55 燕子的简笔画

图 2-3-56 鸡的简笔画

图 2-3-57 蝴蝶的简笔画

图 2-3-58 昆虫的简笔画

图 2-3-59　金鱼的简笔画

图 2-3-60　海豹的简笔画

图 2-3-61　乌龟的简笔画

图 2-3-62　象的简笔画

图 2-3-63　猴子的简笔画

图 2-3-64 兔子的简笔画

任务 7 人物简笔画

任务导出

人物五官及表情
人物简笔画之头像画法步骤
各种动态人物的画法

任务分析

人物简笔画是所有简笔画中比较难掌握的一种，要学好人物简笔画，最简单的方法是从头部开始练习，再逐步扩大到整个身体，也要掌握大人、小孩的比例关系。

在人物简笔画的表现中，要研究男女老少的体态特征及动态特征、头与身高的比例、脸型与五官特征的表情等。在画人物头像时，可以对脸型、五官、发型及各局部进行设计后加以组合，使其形象多变、夸张、生动（见图 2-3-65）。

图 2-3-65 人物头像简笔画

一、五官及表情

人的五官是对称长的,要画好五官的比例透视,就要抓住眉间、鼻头的垂直中心线和连接双眼的水平线。这两条俗称"十字线"的线,有助于把握好五官在不同角度时的透视变化。

二、表情

在五官中最具表情的是眉、眼和嘴,它们是在面部肌肉的作用下动作最大的部位(见图2-3-66)。1. 笑:笑有很多种,例如微笑、羞涩地笑、煞有介事地笑、开心地笑。它们的共同点是嘴角上翘,眼睛变细、变弯。2. 发怒:一般表现为眉尾上竖,嘴角向下,眉头紧锁。3. 哭泣:一般表现为眉尾、外眼角往下倾,张大嘴或嘴角向下,脸上挂泪。4. 哀:脸上所有的线条都可往下倾。5. 惊:一般表现为张大嘴,瞪大眼,眉毛往上飞起。6. 严肃:双眉挨近眼睛并向中心线靠拢,嘴平并靠近鼻子。

图2-3-66 人物表情简笔画

技能训练

一、人物头部的简笔画画法

人物头部的简笔画画法,见图2-3-67。

图2-3-67 人物头部的画法

二、人物简笔画画法步骤

（一）跑步者的画法（见图2-3-68）：跑步相对于行走，重心会更向前调整。慢跑时步幅小，膝盖的弯曲也小，胳膊不会摆得很高；快跑时步幅大，腿抬得较高，会有同时悬空的现象，胳膊摆动幅度大。

图2-3-68　跑步者的画法

（二）坐下看书者的画法（见图2-3-69）：1. 先画圆。2. 身体是梯形。3. 头发画个半圆，再画腿脚。4. 画手和书。

图2-3-69　坐下看书者的画法

（三）坐在凳子上看书者的画法（见图2-3-70）：人在坐着时，重心位于支撑物上，躯干可以前倾或后仰，四肢的位置比较随意，但要注意四肢摆放的位置。

图2-3-70　坐在凳子上看书者的画法

（四）站立者的画法（见图2-3-71）：直立时人的头、躯干和四肢基本处于一条直线上。从侧面看青年人的胸部挺起。1. 头部圆形上带"刺"。2. 画身体梯形。3. 画左右胳膊和手。4. 最后画腿和脚。

图2-3-71　站立者的画法

（五）长鼓舞者的画法（见图2－3－72）：1. 头型圆，脸型方，头饰是小方块。2. 长鼓是圆形。3. 再画手臂击鼓。4. 最后画手和裙子。

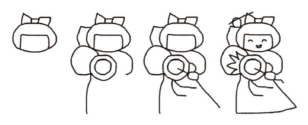

图2－3－72 长鼓舞者的画法

（六）拍球女孩的画法（见图2－3－73）：1. 画椭圆头部。2. 再画头发和头饰。3. 画身体和手臂，再画腿。4. 接着画小球、脚以及后手。

图2－3－73 拍球女孩的画法

（七）骑自行车小孩的画法（见图2－3－74）：1. 画椭圆形。2. 画上身。3. 画腿和车轮。4. 画眼睛和手脚，完善画面。

图2－3－74 骑自行车小孩的画法

（八）成人的画法（见图2－3－75）：1. 用曲线画头发。2. 画脸和五官。3. 画上身和胳膊。4. 画裙子和腿脚。

图2－3－75 成人的画法

（九）老人的画法（见图2-3-76）：1. 画头和耳朵。2. 画头发和胳膊。3. 画脸部表情及腿脚、手杖。

图2-3-76　老人的画法

课后练习：掌握人物画法的基本造型原理，熟练各种人物画法。

参考资料

人物简笔画参考资料，见图2-3-77。

图2-3-77　人物简笔画

模块二
造型与表现

任务8 情景简笔画

任务导出

情景简笔画内容，情景简笔画的画法与步骤，具体作画步骤。

任务分析

情景简笔画以画面场景内容为主线进行画面的构思，组合突出画面的情节内容和人物个性特点，并以背景烘托画面情节。

相关知识

情景简笔画是用一幅图来表达主题内容的绘画形式。它的应用很广泛，尤其是在书本和宣传教育性专栏中经常可以看到情景简笔画。情景简笔画不同于简单的物象简笔画，它通过绘画形式来传达某些思想感情，具有教育、提示等意义。

一、情景简笔画

情景简笔画是根据所要表达的主题内容，将与主题有关联的各个物象恰当地安排在一个画面上，以此来表现一定情景的绘画形式。情景简笔画的表现技法很多，有写实画法、拟人画法、抽象画法等，也可以用不同的材料工具来体现主题。

二、情景简笔画的画法与步骤

一幅完美的情景简笔画，首先，它的主题要鲜明，一目了然。其次，要做到构图合理、画风统一、主次分明、相互呼应等。

三、具体作画步骤

（一）确定主题，表现作品的含义内容，然后进行绘画材料的收集。
（二）构思，围绕主题，设计好画面。
（三）设计形象，根据内容设计出所需要的形象。设计形象时要注意以下两点：
1. 画面的绘画风格内容要一致。
2. 每个形象要有自己个性特征。

四、构图

要把画面安排合理，以美观舒适的形象构思出各个部分，再将构思好的形象合理地安排在画面上。简笔画一般采用平面构图形式。

五、绘画步骤

（一）娃娃召唤鸭子的画法（见图2-3-78）：1. 画地平线。2. 画人物动态表情。

3. 画动态各异的小鸭子。4. 画垂柳。5. 将远处的房子和栅栏画出来。6. 把远处的树画下来。

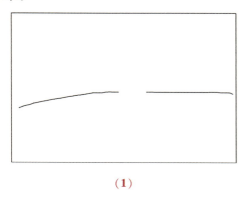

（1）

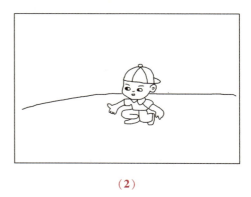

（2）

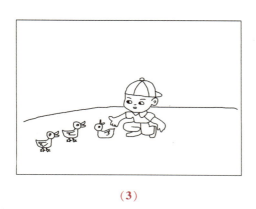

（3）

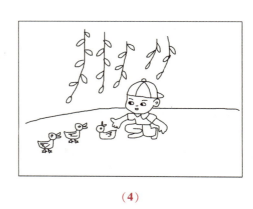

（4）

（5）

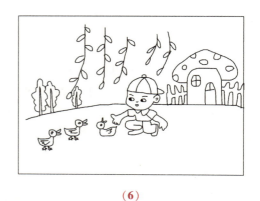

（6）

图 2-3-78　娃娃召唤鸭子的简笔画各步骤

（二）《劳动快乐》的画法（见图 2-3-80）：1. 先画树干，后画树冠。2. 画左右两个小孩。3. 画铁锹和女孩的头发。4. 画远处的山和景中的树和鸟。

图 2-3-79 《劳动快乐》简笔画各步骤

课后练习：完成两幅人物情景简笔画。

参考资料

人物情景简笔画参考资料，见图 2-3-80。

图 2-3-80 人物情景简笔画

任务 9　幼儿简笔画

任务导出

幼儿简笔画，简笔画对幼儿发展的意义，各年龄层幼儿简笔画活动，幼儿简笔画活动指导。

任务分析

幼儿简笔画以认知能力为主，丰富幼儿脑海中的形象积累，以培养幼儿的再造想象、创造想象为主，让幼儿异想天开，幻想未来，创造未来。

一、幼儿简笔画

幼儿简笔画指的是3～6岁的学前儿童从事的造型艺术活动，幼儿简笔画作品表现幼儿对周围事物的印象，表达了幼儿的愿望和审美追求。

二、简笔画对幼儿发展的意义

简笔画对幼儿来说是一种实践，需要幼儿全身心投入。从对外界事物的感知，到情感的发展，自己动手用一定的媒介塑造出形象，这是内外相互作用的完整过程，幼儿需要发挥他们的全部心理能力和热情，以此获得发展（见图2-3-81）。

图2-3-81　幼儿简笔画活动

三、各年龄层幼儿简笔画活动

（一）小班

以培养幼儿的感官能力，特别是以细致入微的观察能力和探索外界事物的认知能力为主，丰富幼儿头脑中的形象积累（见图2-3-82、图2-3-83），让孩子多听、多看、多记，强化幼儿的形象记忆。

图2-3-82　幼儿简笔画（示例一）

图2-3-83　幼儿简笔画（示例二）

▶▶▶ （二）中班

以培养幼儿类比、联想、发散思维能力，以及在绘画中举一反三、触类旁通的思维能力为主（见图2-3-84、图2-3-85）。

图2-3-84　幼儿简笔画（示例三）

图2-3-85　幼儿简笔画（示例四）

▶▶▶ （三）大班

以培养幼儿的再造想象、创造想象能力为主，让幼儿异想天开，幻想未来，创造未来（见图2-3-86、图2-3-87）。在教学中以系统的形象思维训练为主要内容，以绘画为手段，以游戏活动为主要形式，与各学科有机配合，在全面提高幼儿素质的基础上，培养勇

图2-3-86　幼儿简笔画（示例五）

图2-3-87　幼儿简笔画（示例六）

于独创、有丰富感情、有审美情趣及良好个性品质的更聪明的一代，这是创造思维教学法的最终目标。

四、幼儿简笔画活动指导

（一）引导创新

幼儿简笔画教学的重点应是创造意识的启迪，而不是技能的传授。因此，通过简笔画指导幼儿如何思考远比知识技能的传授重要。幼儿语言表达能力较差，学画画要比学说话快得多，在绘画中表达的心态和对事物的感受，要比语言还要丰富。绘画可以直接刺激幼儿的右脑。

（二）培养美感

幼儿对美的追求，不仅反映在对自然的评价上，也表现在对外界一切美的事物的热爱上，那些美的形象景色，都能唤起幼儿的奇思遐想。"幼儿看见一只美丽的蜻蜓在湖中翻飞，使幼儿心中发出一种快乐的情趣，幼儿便连声叫道：'蜻蜓呀，蜻蜓呀，好看的蜻蜓呀！'这是情趣的直写，这是幼儿的诗，但等幼儿稍长大了，幼儿便模仿着画只蜻蜓或者还要添些水和花草上去。"这段话十分概括地描述了幼儿对美的追求与情感的流露，正是由于有了美的感受，才把表现美的情趣的琴弦拨动起来。

模块二 造型与表现

项目4 中国画

【项目介绍】 本项目主要内容有：中国画基础，白描花卉，工笔淡彩画，写意画，幼儿水墨画。通过知识技能、绘画步骤的掌握，简要描述项目实施的过程，进而引出为了完成项目需要完成的一系列基本作业。

【知识目标】 中国画是具有鲜明中国特色的画种，幼儿学习中国画是对中国传统文化的继承，有助于对艺术审美能力的培养。中国画工具材料的独特性能够引起幼儿的好奇心，激发幼儿参与学习的兴趣。中国画教学用简单的笔墨勾画出日常生活中常见的花卉、蔬果、动物等形象，使幼儿能够用艺术表达自己的思想及情感，从而达到培养幼儿的创造能力和想象能力的目的。

【技能目标】 中国画的教学，使学生掌握中国画的基础知识，以及白描花卉、工笔淡彩画、写意画、幼儿水墨画的基本画法与笔墨技法。

【素质目标】 系统地掌握中国画的基础知识及笔墨技法，能够在教学游戏中完善教学环节，提高教学质量。

任务1 中国画基础

任务导出

认识中国画

任务分析

了解中国画的基本特征，及笔、墨、纸、砚等基础工具。

相关知识

中国画是具有鲜明中国特色的画种，也称国画。中国画是诗、书、画、印相互融合的一种形式，它的表现题材广泛、表现手法多样。

在没有用"中国画"这个广义的名称统称传统的卷轴画之前，人们使用"丹青"来称谓中国绘画。近现代以来，随着"西洋画"涌入中国，而与之相对应的名称"中国画"也就自然而然地出现了。

一、中国画的艺术特征

中国画的表现形式是丰富的，表现题材是广泛的。"工笔画"和"写意画"是中国画的两种主要表现形式，这两种表现形式的形成，是缘于工具材料上的差异及绘画理念的不同。

　　工笔画的主要特征有：使用的载体是熟宣纸或熟绢；是一种工整细致、写实严谨的表现形式；工笔画一般都使用颜色，在设色上有白描、淡彩和重彩之分，色彩审美意趣具有浓郁的中国特色；工笔画在画的过程中要尊重其作画的先后顺序。而写意画与工笔画是完全不同的，写意画的主要特征是：载体必须是生宣纸，因为写意画讲究笔墨的层次变化；写意画注重神似，更强调作者当下的情感抒发；在表现技法上，注重用笔和用墨的写意，因为其强调心境和情意的表达，所以写意画一般没有工笔画那么严谨的规范。

　　中国画的透视是散点透视，也就是作者的观察点不是固定在一个地方，也不受当下视域的限制，而是根据需要移动着的立足点进行观察，凡各个不同立足点上所看到的东西，都可组织进自己的画面上来。这就使得中国画在构图上灵动而自由，突出笔墨意趣。

二、中国画的工具与材料

　　在绘画中，表现技法和工具材料都有着同等重要的作用。中国画的工具材料主要有笔、墨、纸、砚（见图2-4-1），除此之外还有中国画颜料、笔洗、调色盘、画毡、笔帘、笔架、纸镇、印泥、印章、裁纸刀等（见图2-4-2）。

图2-4-1　笔、墨、纸、砚

图2-4-2　其他中国画工具与材料

▶▶▶（一）笔

　　毛笔是我国一种独特的书写绘画工具。毛笔是用禽类、兽类或人的毛发制成的，从原料的配制比例上看主要有软毫、硬毫以及介乎两者之间的兼毫三大类。根据其笔锋的长短，可分为长峰、中锋、短峰，性能各异。根据笔锋的大小不同，分为大、中、小型号。

　　1. 软毫，以羊毫为主，用山羊毛制成。其特点是笔锋柔软，蓄水能力强，但弹性较小，一般用于渲染着色，适合点叶和画大面积的墨块。

　　2. 硬毫，以狼毫为主，主要用黄鼠狼尾毛制成，由于这些动物毛发坚硬，弹性好，含水少，所以适合画线条。常用的有"叶筋笔""衣纹笔""小红毛""兰竹笔"等。

　　3. 兼毫笔是用羊毛与黄鼠狼尾毛按一定的比例相配制成，质地刚柔相济，属于中性，软硬适中，能勾能染，是比较适合初学者的一种笔型。常用的兼毫笔有大、中、小号的"白云笔"等。

如何选择毛笔？

"尖、齐、圆、健"是选择毛笔的标准。所谓"尖"，即笔锋聚拢后顺畅而尖；"齐"，即是毛笔润开后笔锋平齐有序，这样才不会因长短不齐而影响作画；"圆"，即笔体的形状圆整，毫毛充足，这样作画时会用力均匀，未泡开的新笔其外轮廓线一定要流畅圆润；"健"，即具有适度的弹性，笔锋着纸后提起，随即恢复原状，这种反弹力能使线条富有力度。

毛笔的护理：新笔用清水发开，洗去笔中的浆汁。用笔之后要将毛笔洗净，可挂在笔架上将水分淋干，或是放在废旧的宣纸上吸干笔中的水分。千万不能将毛笔泡在笔洗中，这样会导致笔杆开裂。

▶▶▶ (二) 墨与颜料

墨，中国画用墨很考究。传统墨有油烟、松烟、漆烟三种，最好用的是油烟墨。油烟墨用桐油或煤油炼烟和胶制成，其墨黑而有光泽，墨的层次分明。

墨要质地细腻，气味轻，不灰暗，有清光。注意，墨宜存放在阴凉处。现在大量使用的"一得阁""红星"等基本上达到了古墨研磨的效果，而且价格低廉，适用且方便。

中国画颜料主要是采用矿物质、植物质等自然性颜料。现在有些画家仍然保持采用传统颜料和自制颜料的习惯，在现代水墨作品中，画家在颜料的运用上不拘泥于传统，水粉、色粉等其他颜料混合使用。中国画常用的颜料有胭脂、曙红、朱砂、朱磦、花青、石绿、赭石、藤黄等，在写意花卉中常用颜色藤黄、花青、胭脂、曙红等颜色。现在常用的国画颜料，以盒装、粉纸包装等方式出售。初学者用十二色锡管装的中国画颜料即可，随用随挤，使用方便。

▶▶▶ (三) 宣纸

中国画用纸以宣纸为主，古时宣纸的产地在安徽宣州，现在好的宣纸仍产于安徽宣州泾县。宣纸的原料是青檀树皮和稻草，经过多种工序制作而成。宣纸分为熟宣、生宣、半生熟宣三种。生宣纸用来画写意花卉及写意山水；熟宣纸是在生宣纸的基础上涂上胶矾，改变了宣纸的性能，使得纸张在作画时不吸水，熟宣纸用于工笔画的创作，经过多次渲染，不渗化，纸张松软细薄。

纸的大小有三尺①、四尺、五尺、六尺、一丈②及二丈等尺幅。好的宣纸应是薄厚均匀的，迎着光看有团团云状纹，说明其纸张棉料多；抖动纸张声音坚实无脆声，笔触清晰，墨干后不灰。

中国画除了用宣纸作画外，还用绢作画，工笔画多采用绢作画。

▶▶▶ (四) 砚

砚是研墨块的石盘，砚台的质地要细腻、发墨快。笔、墨、纸、砚被称为中国的"文房四宝"。作画的好坏虽不直接取决于工具，但佳作的完成少不了精良的工具材料。

三、中国画的分类

中国画根据表现手法的不同，主要可分为工笔画、写意画；从表现题材上，可分为人

---

① 1 尺 = 0.333 米。
② 1 丈 = 3.333 米。

物画、山水画和花鸟画等；从设色上，可分为白描、淡彩、重彩、水墨、浅绛等。

任务 2　白描花卉

任务导出

白描的特点，执笔用笔。

任务分析

了解白描的特点和中国画的执笔方法、用笔方法，能够熟练地运用中锋及侧缝，为之后中国画的学习打下坚实的基础。

相关知识

画工笔花卉用笔，主要有勾线笔和染色笔两种，白描花卉用的是勾线笔。勾线笔常用的品种有小红毛笔、蟹爪笔、叶筋笔、衣纹笔等，准备两支笔锋尖细、弹性好、含水量适中的笔即可。

一、白描的特点

单纯地用墨线表现物象，不着色彩与明暗关系，我们称之为白描。白描是以富有节奏的线条来表现对象的结构、形体、质感和空间关系的，是一种独立的艺术表现形式，也是学习工笔画的基础。在花鸟画中，花草树木、鸟的羽毛往往都是用勾线表现的，可见勾线是工笔画的灵魂，线条的优劣直接影响到画面的表现。

二、执笔用笔

▶▶▶（一）执笔方法

中国画的执笔与书法写字的执笔相同，拇指、食指、中指握笔杆，无名指顶住笔杆，小指抵住无名指（见图2-4-3）。握笔的力量要充分，切忌松垮，手指与手掌心之间有一定的空间，就像握住一只鸡蛋，做到"指实掌虚"。古人讲究"力透纸背"，是指作画者集中精力，运力匀称，通过腕和指使力量直达笔端。

勾线是需要手腕、肘、臂部位的相互配合的，以肘作为支点，腕部虚悬，运动前臂。

图 2-4-3　执笔

▶▶▶（二）用笔方法

工笔花鸟画中，花瓣、叶片宜用中锋勾勒，侧锋在皴擦树石时才宜运用（见图2-4-4）。

1. 中锋，中锋的用笔是中国画最基本的用笔方法，勾线时将笔按下去，使笔锋对纸面有个压力，同时向上有一个提力，行笔时笔尖藏于笔画的中间，不能偏露与外侧，线条浑圆流畅、结实而有力感。每一条线的勾勒，都应该是起笔、行笔、收笔这三个过程。起笔多藏锋，与书法的用笔相同，讲究"欲右先左、欲左先右，欲下先上、欲上先下"之法。行笔时要稳，速度要慢。

2. 侧锋，将笔侧斜成半卧状，笔尖在笔画的一侧行走，这样笔尖实、笔根虚，笔锋会受到纸的阻力，使画线条厚重有顿挫之感。

3. 逆锋，将笔头倒逆而行，由于逆锋行笔中笔锋受到纸的阻力，使得笔墨苍劲有力，变化丰富。

4. 顺峰，是指笔肚或笔根在线条的前端，顺峰线条较虚飘。

图2-4-4 中锋、侧锋行笔

技能训练

白描花卉的画法

一、选好熟宣纸，将纸裁得比素描稿四条边各大出1～2厘米。素描稿放在熟宣纸的下面，用HB型号的铅笔轻轻地把稿子描下来，笔痕不要描得太重，以免之后勾墨线时压不住留下的铅笔线（见图2-4-5）。

二、中锋执笔，一般浅色的花头用淡墨勾勒，中色的花头用中墨，深色的花头用重墨，线条稍细。每个花瓣勾出的线条要有顿挫、起伏，勾画时要注意花瓣的前后关系（见图2-4-6）。

三、中锋执笔，勾叶子的墨色根据花头的深浅来决定，线条流畅、挺拔有力，叶筋根部线条稍粗；重墨勾枝干，枝干的线条要毛（见图2-4-7）。

（1）　　　　　　　　（2）

图2-4-5 白描花卉的作画步骤

图2-4-6 学生临摹作品（示例一）

图2-4-7 学生临摹作品（示例二）

任务3　工笔淡彩画

任务导出

工笔画常用的染色方法，以牡丹花着染步骤为例。

任务分析

了解掌握工笔淡彩画染色方法，能熟练运用分染、罩染、平涂等方法表现物象的明暗及前后关系。

淡彩是工笔花鸟画的表现技法赋色中的一种形式。其特点是色彩薄透、清新淡雅。

工笔画常用的染色方法有如下几种：

一、分染：分染是最重要的染色技法。方法是用两支笔，一支蘸色，一支蘸清水，先用色笔从最深部分开始染起，接着用水笔将颜色逐渐向外托染开，使颜色由浓到淡。分染时注意控制笔头的水分。

二、罩染：在分染的基础上再罩上颜色，罩染能起到统一色调的作用。罩染的颜色不要厚，应薄薄地罩，一遍不足，可再罩一遍。

三、统染：在已分染完的局部画面上，对所画物体进一步全面塑造。统染，起到整合、调整画面的作用，使得画面更加完整和谐。统染时用笔应轻，不要将底部分染的效果破坏掉。

四、平涂：平涂是一种颜色均匀涂刷的方法。平涂时颜色要薄，水分适中，要一笔接一笔均匀涂刷，平涂是在分染前进行，也叫打底。

五、烘染：突出某一物象，用颜色烘染物象周围，将物象衬托出来。例如，为使白色物象更白，在其周围染色，会使白色更加突出。

六、接染：一种颜色趁湿接着染另一种颜色，使得颜色相互间自然衔接在一起。例如，画局部虫腐蚀的叶子，可用此方法。

技能训练

牡丹花着染步骤：

一、工笔淡彩画设色后仍能看到线条浓淡的变化。以牡丹花为例，先淡墨勾花，花瓣线条稍细，重墨勾叶，叶子线条与花瓣比稍粗，花瓣的墨色要一致，运笔应顿挫徐疾，随花形而变化［见图2-4-8（1）］。

二、用花青加墨分染花头根部。叶子用三绿加墨分染［见图2-4-8（2）］。

三、用花青加淡墨分染两遍花瓣后，罩染淡曙红色。在正面花瓣继续罩染曙红，调整花头的明暗，用花青加三绿平涂反面的叶子，三绿染高光部分，暗面染胭脂［见图2-4-8（3）］。

四、曙红分染反面花瓣，之后罩染两遍曙红［见图2-4-8（4）］。

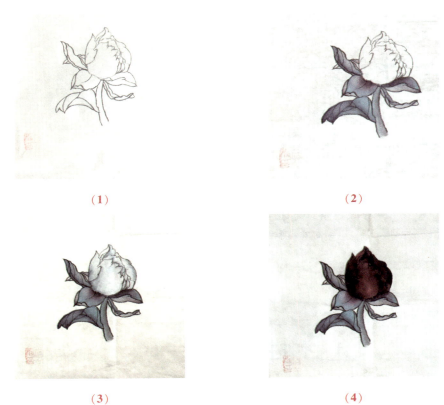

（1） （2）

（3） （4）

图 2-4-8 牡丹花的着染

参考资料

牡丹花描摹参考资料，见图 2-4-9、图 2-4-10。

图 2-4-9 学生临摹作品（示例一） 　　图 2-4-10 学生临摹作品（示例二）

任务4 写意画

任务导出

写意画的绘画步骤（以牵牛花、丝瓜、螃蟹、竹子为例）。

任务分析

写意画跟工笔画在绘画过程中有明显的区别，指导学生初步掌握写意画用笔、用墨的方法，使其能够运用笔墨准确表现物象的造型特征。

相关知识

写意画是用简练的笔法描绘景物，是以诗、书、画、印为一体的绘画艺术形式。写意画较工笔画更能生动地体现客观景物的神韵，更能直接地抒发作者的情感。

技能训练

一、牵牛花的画法

牵牛花的花瓣呈喇叭状，叶子特征为"掌状三裂"。其各组成部分的具体画法（见图2-4-11）如下：

（一）花头、花蕾的画法：白云笔调曙红，笔尖蘸胭脂，侧锋运笔之后提笔画花瓣，一般正面的花瓣五笔或六笔完成；侧面的花瓣呈弧形，一笔弧线勾画前侧的花形，三笔画出后侧花瓣。白云笔中锋调曙红，笔尖蘸胭脂，一笔画花蕾，狼毫笔浓墨三笔勾出花托。

（二）蕊柱：一笔或两笔，用稍淡的相同颜色画出花头下的蕊柱。

（三）花托：狼毫笔中锋浓墨三笔画花托。

（四）叶子：白云笔调中等墨色，笔尖蘸浓墨侧锋三笔画出叶子。注意中间的叶子稍大，两侧小一些。两侧叶子的大小是不同的，如：左侧叶子可两笔画出，右侧的叶子可一笔带过，这样两侧叶子就有了前后层次变化。浓墨勾出枝藤及叶脉。

图2-4-11　牵牛花花头、花蕾、蕊柱、花托、叶子及藤蔓的画法

参考资料

写意画牵牛花参考作品资料,见图2-4-12、图2-4-13、图2-4-14、图2-4-15。

图2-4-12　参考作品(示例一)

图2-4-13　参考作品(示例二)

图2-4-14　参考作品(示例三)

图2-4-15　参考作品(示例四)

二、丝瓜的画法

丝瓜有叶子、果实、藤蔓,其中果实呈细长型,表皮有突起的筋脉,藤蔓将叶子与果实串联起来。丝瓜各组成部分的具体画法如下(见图2-4-16、图2-4-17)。

(一)用大白云笔调中等墨色,笔尖蘸浓墨侧锋五笔概括地画出叶子,浓墨勾叶脉;

浓墨画藤蔓。

（二）用藤黄、花青调出丝瓜的淡绿色，中锋一笔勾勒出丝瓜形，最后勾筋脉。

（三）调藤黄，笔尖蘸赭石画丝瓜花，花瓣为五瓣。

图 2－4－16　丝瓜花的画法示例

图 2－4－17　丝瓜的画法示例

参考资料

写意画丝瓜参考作品资料，如图 2－4－18、图 2－4－19。

图 2－4－18　参考作品

图 2－4－19　学生作品

三、螃蟹的画法

螃蟹的结构：螃蟹有躯壳、四对爪、一对螯，还有一双眼睛（见图 2－4－20）。

（一）白云笔侧锋，中等墨色，两笔或三笔画出螃蟹盖。

（二）侧锋中等墨色勾画蟹螯。

（三）中锋勾画螃蟹盖、左右两排蟹爪，中锋画第二截蟹爪，这里蟹爪的姿态要有变化，爪子向体内略带弧度收笔。

（四）浓墨勾蟹夹，点眼睛。

图 2－4－20　螃蟹的画法步骤

参考资料

写意画螃蟹参考作品资料，如图 2－4－21、图 2－4－22、图 2－4－23、图 2－4－24。

图 2－4－21　参考作品（示例一）

图 2－4－22　参考作品（示例二）

图 2－4－23　参考作品（示例三）

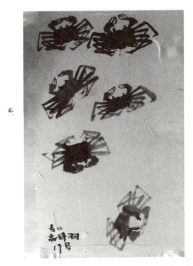

图 2－4－24　参考作品（示例四）

四、竹子的画法

竹子由竹竿、竹节、竹枝、竹叶组成。

（一）竹竿的画法（见图2-4-25）：侧锋入纸转中锋行笔，每一节间笔断意连，中间的竹竿长，两端的竹竿短，不要每画一节蘸一次墨，在笔中墨尽时，笔跟注水再画。

图2-4-25　竹竿的画法

（二）竹枝的画法：竹枝呈"鹿角"或"鱼骨"。中锋用笔中余墨画出侧枝，用笔应挺立有弹性。

（三）竹叶可参考"个"字、"介"字、"分"字形式（见图2-4-26），如同书法一样笔笔相连，实起虚收。由浓到淡画出竹叶，注意墨色间的浓淡变化及前后层次关系。

竹子的参考作品，如图2-4-27、图2-4-28。

图2-4-26　竹叶的画法　　　图2-4-27　参考作品　　图2-4-28　参考作品
　　　　　　　　　　　　　　　　　（示例一）　　　　　　（示例二）

任务5　幼儿水墨画

任务导出

幼儿水墨画的画法，幼儿水墨画的绘画步骤（以樱桃、黑天鹅、小金鱼为例）。

任务分析

指导学生用简练、概括的笔墨勾画出物象的造型特征,并能够运用丰富的墨色来增加画面的层次感。墨色变化无穷,颜色艳丽,适合幼儿造型夸张的手法。

相关知识

水墨画是中国画独有的以墨色浓淡构成的绘画形式。水墨画用色少,突出水与墨的冲撞所造成的丰富的表现效果,体现出自然万物的意趣。

水与墨是水墨画主要的原料,水墨画以笔法为主导,充分发挥墨法的功能,以墨的浓淡变化来体现色的层次变化。"墨分五色",即焦、浓、重、淡、清,也就是说水墨画中色彩可以用多层次的墨色来替代。幼儿水墨画要根据幼儿的生理、心理及各年龄阶段特点来设计课程,要尊重幼儿的个性、鼓励幼儿自由创作。中国画工具材料的独特性,能够引起幼儿的好奇心,对幼儿具有强大的吸引力。幼儿爱玩的天性使得幼儿喜欢颜色与水,生宣纸的特性使得颜色与水在宣纸上产生丰富的变化,这给幼儿提供了创作的空间。在幼儿园开设水墨画教学,能够使幼儿对中国传统绘画有一定的认识,激发幼儿对艺术活动的热爱。

技能训练

一、樱桃的画法

单个及一串樱桃的画法,见图 2-4-29。

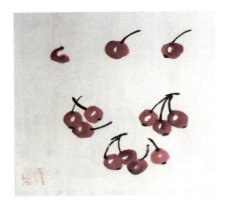

图 2-4-29 单个及一串樱桃的画法

盘中樱桃的画法如下:

(一)中等墨色或浓墨,两笔勾画出盘子[见图 2-4-30(1)]。

(二)用白云笔调曙红,笔尖蘸胭脂,侧锋用笔画半个圆,再画半个圆,完成一个完整的樱桃,注意要留出高光[见图 2-4-30(2)]。根据樱桃的生长形式,一般两个樱桃连枝生长。

(三)樱桃堆放在一起时,相互间存在遮挡,应有疏有密,注意前后关系,后面的樱桃勾画时颜色应浅一些。用清水调整颜料的浓淡[见图 2-4-30(3)]。

（四）狼毫笔蘸浓墨勾画樱桃柄，在樱桃底部用浓墨点果脐［见图 2-4-30（4）］。

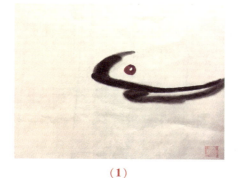

（1）

（2）

（3）　　　　　　　　　　　　　　（4）

图 2-4-30　樱桃各步骤画法

参考资料

水墨画樱桃参考作品资料，如图 2-4-31。

图 2-4-31　参考作品

二、黑天鹅的画法

（一）大白云浓墨一笔勾画出天鹅的头及长长的颈［见图 2-4-32（1）、图 2-4-32（2）］。
（二）浓墨侧锋勾画出天鹅的身子、翅膀及尾巴［见图 2-4-32（3）］。

（三）调朱红色，勾画出天鹅的嘴及脚掌［见图 2-4-32（4）］，注意调朱红色时少加水，颜色要干一些。

图 2-4-32　画黑天鹅的步骤

参考资料

水墨画黑天鹅参考作品资料，如图 2-4-33、图 2-4-34、图 2-4-35。

图 2-4-33　参考作品（示例一）

图 2-4-34　参考作品（示例二）

图 2-4-35　参考作品（示例三）

三、小金鱼的画法

小金鱼的画法如下（见图 2-4-36）：

（一）用白云笔调曙红色，侧锋一笔画金鱼头部，中锋接一笔勾画出背脊。这里颜色要鲜艳一些，把握远处及近处金鱼的深浅变化。

（二）用狼毫笔调曙红色，中锋勾出金鱼眼眶，这里眼眶的颜色要比头部浅一些。

（三）中锋用笔快速勾出金鱼的肚子与鱼鳍，线条要圆润饱满，不要拖沓。

（四）调浅色曙红，白云笔蘸曙红侧锋三笔勾出尾巴。最后用狼毫笔蘸浓墨点眼睛。

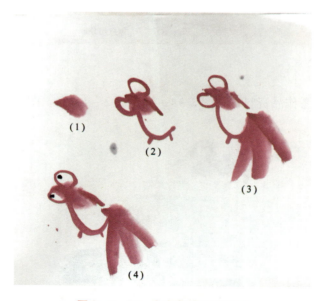

图 2-4-36　小金鱼的绘画步骤

参考资料

水墨画小金鱼参考作品资料，如图 2-4-37、图 2-4-38。

图 2-4-37　参考作品（示例一）

图 2-4-38　参考作品（示例二）

课后练习：1. 了解中国画的分类，熟悉中国画的工具材料。
2. 在教师的指导下，熟悉用笔、用墨的方法，进行用笔、用墨的练习。

模块三
图案　色彩装饰画

【模块综述】 本模块主要讲解图案和色彩装饰画。图案部分理论联系实际，详尽地介绍了基础知识、造型规律、创编步骤方法，并示范以典型的图例和学生作品，讲解这种实用性与装饰性相结合的艺术形式。色彩装饰画，有较强的主观性、趣味性和规律性。本模块演绎制作美观的色彩装饰画，让学前教育专业的学生掌握色彩装饰画的各种表现技法。在今后从事幼儿美术教学中，能够帮助幼儿创新思维的形成。

【情境描述】 通过学习图案和色彩装饰画，在幼儿园进行环境创设，如教室墙面、走廊美化等，潜移默化地影响着幼儿的健康成长。

【情境分析】 本模块主要有图案基础知识、图案变形、平面图案的构成、铅笔淡彩、油画棒画、幼儿色彩装饰画几个部分。幼儿园教学活动中的灵活运用能帮助幼儿培养审美情趣，对提高幼儿的绘画技能和创新能力有着重要作用。

模块三 图案 色彩装饰画

项目1 图案

【项目介绍】 本项目主要内容有：图案基础知识，图案变形，平面图案的构成。

【知识目标】 要画出美观的图案纹样，首先要了解图案的形式美法则，如变化与统一、对称与均衡、节奏与韵律等。这些理论知识相对空泛，对学前教育专业学生讲授这些理论知识时，将它们与图例放在一起展示，更能直观地理解图案地意义。

【素质目标】 让学生能从不同画面感受体验画面的美感。学会提炼整理，完成具有形式美规律的图案，培养学生的想象能力和创新能力。

任务1 图案基础知识

任务导出

认识图案，掌握图案的特征，理解图案形式美的原理法则。

任务分析

学习图案首先要了解图案的形式美法则，如变化与统一、对称与均衡、节奏与韵律等。对学前教育专业学生讲授这些理论知识时，应将这些与图例放在一起展示，让学前教育的学生有更直观的理解。

一、图案知识

图案是一个多层次含义的概念，一般有广义和狭义两种解释。狭义的是指器物上的装饰花纹，如纺织品上的花纹、陶瓷器皿外表的纹饰等（见图3-1-1、图3-1-2）。广义的是指对某种器物的造型结构、色彩、纹饰进行工艺处理而事先进行的设计方案。它是对

图3-1-1 黄地墨彩花蝶纹盖盒

图3-1-2 粉彩描金云蝠纹赏瓶

109

在工艺、材料、成本、美观、实用功能等条件的制约下制成的图样、模型、装饰纹样等方案的通称。

二、图案在社会生活中的体现

人们在衣、食、住、行、用各个方面都离不开图案设计。图案涉及的领域广大，它不仅为人们的生活用途服务，而且美化人们的生活。经过匠心设计的造型结构、色彩、纹饰潜移默化地熏陶着人们的情操，在精神上给人以美的享受。所以，图案具有精神和物质的两重性。

在人们的生活中，美的花布（见图3－1－3）、美的服装、美的鞋帽（见图3－1－4），把人们打扮得更加漂亮；美的卧室、美的家具，使人们的环境更加舒适；美的商标、美的包装刺激人们的购买欲望。图案还能为提高经济效益服务。

图3－1－3　花布

图3－1－4　帽子

学习图案，不仅能使你懂得形式美的旋律、装饰色彩知识，掌握设计制作的技能，而且可以使你运用这些知识培养自己的思维能力和设计意识。同时，对今后的工作，如布置幼儿园教室，编排美化黑板报、墙报、学习的宣传橱窗和学校环境等，都有着至关重要的影响。

三、图案的特征

图案是一种装饰手段，它通过艺术手法，把生活和实用中的装饰需要，用装饰的造型、装饰的构图和装饰的色彩描绘出来（所谓装饰，即依附于某一物体，又与该物体浑然成一体者）。图案的特征就是将人们在生活中的观察、愿望、理想和自然美，以丰富的想象力和浪漫象征的手法，通过其特有的形式法则进行再创造。这其中有三个要素：（一）图案的造型；（二）图案的色彩；（三）图案的构图。

四、图案有哪些种类

图案有平面图案和立体图案之分。

（一）平面图案，如纺织品的装饰设计、广告设计、黑板报和墙报版面设计、书籍封面设计等。它是由纹样、构成、色彩三个基本要素组成的。

（二）立体图案，如家用电器、陶瓷器皿、汽车、建筑模型等。它是由形态、色彩、装饰（纹样、构成）等基本要素组成的。

基础图案根据内容可分为：花草图案、动物图案、人物图案、风景图案等。根据造型特点可分为具象（写实）、抽象（包括几何图案）两种。

五、形式美的原理、法则

形式美是艺术作品产生艺术魅力、给人以美的享受的主要因素。图案设计离不开形式美。图案的形式有着自己的特点和规律。人们在长期的艺术实践中逐步认识它、运用它，形成图案形式美的原理和法则。

▶▶▶（一）形式美的原理

形式美的原理是多样统一，或称为变化与统一的和谐。这是形式美的总规律。

1. 变化，指性质相异的东西并置在一起，给人造成显著对比的感觉（见图3－1－5）。比如形状的大小、方圆、长短、粗细等差异，色的浓淡、明暗、冷暖、艳丽、灰暗等差异，量的多少差异，质地的精细粗糙等差异，组织排列上的远近、聚散、有序、杂乱等差异。图案中的变化是设计者智慧与想象的体现，他抓住了事物的差异性并加以发挥。图案的变化具有生动、活泼、有动感等特点，但处理不当会显得杂乱。

图3－1－5　变化

2. 统一，指性质相同（或相类似）的东西并置在一起，给人造成一种一致或有一致趋势的感觉（见图3－1－6）。如相同的形、色、量、质地等。因为它们之间有着内在联系，图案中的统一是秩序的体现，是共性的东西起主导作用。有了统一，才会有完整、周到、稳定、静态等特点，但若处理不当也易单调、呆滞。

图3－1－6　统一

3. 变化与统一，相互对立又相互依存，一幅图案总是具备变化和统一两方面因素，但对某一具体作品而言，往往较多地倾向于其中一个方面。

▶▶▶（二）形式美的基本法则

形式美的基本法则是形式美的原理——多样统一的具体化。按人们普遍的习惯，有以下几个基本原则。

1. 对称与平衡

（1）对称：指在假设的中轴线（或中心点）两侧或上下（或周围）配置的形、量、色等元素呈完全相等的状态，这种对称叫完全对称（见图3－1－7、图3－1－8）。如果基

111

本骨式对称而局部不对称，即等量不同形，叫作相对对称。另外，配置的形、色、量相同，而方向颠倒，叫作逆向对称或叫旋转对称。

图 3-1-7 完全对称（示例一）

图 3-1-8 完全对称（示例二）

对称具有统一、严肃、静态等美感，但若不恰当地使用则会显得刻板、机械、单调。平衡，为异形同量、呈等量不等形状态。平衡格式较为自由，多变化，无对称轴，靠正确处理视觉重心的平稳取得平衡感。所以要考虑到图案各组成部分的呼应关系。

（2）平衡：其格式较对称格式更易达到活泼、生动的效果（见图 3-1-9、图 3-1-10）。

图 3-1-9 平衡（示例一）

图 3-1-10 平衡（示例二）

平衡是人类的一种生理功能和要求，一个人如果失去了调节平衡的功能，失去了平衡感，便无法生存。人除了要求自身的平衡，还要求对周围环境有一种平衡感，使人产生稳定、安全的心理。所以人们要求平衡，由平衡产生美感。

2. 对比和调和

（1）对比，指形、色、数、量、组织排列、质地、制作技法等方面的差异，并由此造成的各种变化，如形的大小、方圆、厚薄、曲直、粗细、凹凸，色的灰艳、深浅、冷热，排列的疏密、聚散，方位的上下、左右，感觉上的动静、刚柔、轻重等（见图 3-1-11）。

对比是事物矛盾性的表现，有矛盾才有对比，有对比才有多样性，才有醒目、突出、生动的效果。对比过度，便会失去平衡，失去美感。所以对比时还要注意"照应"，相互配合，才会显得紧凑丰富而无孤单脱节之感，才会使对比适度。

（2）调和，狭义的理解指"同一""类似"。如形、色、数、量、组织排列、质地、制作技法等相同或类似（见图3-1-12）。所以说调和体现了统一，它给人安定、柔和之感。广义地理解，调和还有适合、安定、完整等含义。

图3-1-11 对比 王博

图3-1-12 调和 刘美汐

3. 节奏与韵律

节奏（见图3-1-13）与韵律（见图3-1-14）无本质区别。"韵律"的"韵"是变化，"律"是节律，即有变化的节奏，这种节律才算美。"节律"是变化起伏的规律，没有变化就无节奏。"韵律"较强调"韵"的变化，"节奏"则较多强调节拍。

韵律是节奏的升华。韵律使节奏具有优美的个性。

图案的节奏，表现在形的渐大渐小、渐长渐短、渐增渐减，色的渐浓渐淡、渐冷渐暖，排列上的渐聚渐散等方面。

渐变因为在图案中是韵律和节奏特别鲜明的一种形式，故而被普遍使用。渐变集中体现了韵与律、变化与统一的关系，既规定条理又容易获得生动活泼的效果。

图3-1-13 节奏

图3-1-14 韵律

技能训练

设计制作对称与平衡图案

▶▶▶ （一）对称式图案设计制作步骤

以对称花卉的制作为例（见图3-1-15），对称图案设计制作的步骤如下：
1. 构思。 2. 选择题材。 3. 绘制。 4. 黑白搭配。

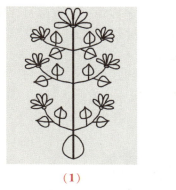  

（1）　　　　　　　　　　　　（2）　　　　　　　　　　　　（3）

图 3－1－15　对称式花卉设计制作步骤

▶▶▶（二）平衡式图案设计制作步骤

1. 构思。2. 选择题材。3. 绘制。4. 黑白搭配。

（1）　　　　　　　　　　　　（2）　　　　　　　　　　　　（3）

图 3－1－16　平衡式花卉设计制作步骤

课后练习：设计制作对称式图案和平衡式图案。

参考资料

对称式与平衡式图案参考资料，见图 3－1－17。

（1）　　　　　　（2）　　　　　　（3）　　　　　　（4）

图 3－1－17　对称式与平衡式图案（学生作品）

(5)　　　　　　(6)　　　　　　(7)　　　　　　(8)

图 3-1-17　对称式与平衡式图案（学生作品）（续图）

任务 2　图案变形

任务导出

图像造型的种类，具象造型的途径与方法

任务分析

熟悉生活与自然界的形象，研究并记录累积可供变化的具象素材，为图案具象造型做准备。利用多种多样方法，用线、用明暗、用绘影等，不必拘束于一种形式，将自然界里的美的事物加以创造性的结合。

一、图案造型的种类

图案造型分为具象与抽象两大类。

（一）具象造型指客观存在的实体（见图 3-1-18），如人物、动物、植物、山川、天体、矿物晶体结构等（自然状态），和桌椅、建筑物、各种器皿、交通工具等（人为形态）。

（二）抽象造型指不表现任何具体物象的几何形态（见图 3-1-19）。严格地讲，绝对的抽象是不存在的，抽象是相对于模仿、写实而言。几何形之所以被指抽象，主要是因为这类图案不依某一客观事物为据而描绘出整齐、规则、节奏、层次、对比、协调的形式美。

图 3-1-18　具象造型

图 3-1-19　抽象造型

二、具象造型的途径与方法

(一) 写生变化造型

写生的目的是为了熟悉生活与自然界的形象，研究并记录累积可供变化的具象素材，为图案具象造型做准备。凡是生活中和自然界中可视的美的具体形象，都可作为写生的对象（见图3－1－20、图3－1－21、图3－1－22）。

图3－1－20　月季花写生图　　　图3－1－21　蒲公英写生图　　　图3－1－22　向日葵写生图

写生的要求：1. 不同于一般的绘画写生，注重对象的结构特征的描写，结构要清楚，要去繁就简。2. 抓住对象的生态、形态、神态特征。如公鸡的骄昂、牛的憨厚等。3. 选择美的部分和适当的角度。

写生的方法：方法可多种多样，用线、用明暗、用绘影等，不必拘束于一种形式，视需要而定。但须明确写生仅是一种手段，它是为图案设计服务的，所以轮廓一定要交代清楚。一般可采取以下方法：1. 如实描绘与适当概括取舍相结合。除整体描绘外，还可局部特写，也可适当强调自己对描绘对象的感受，抓住主要的，舍去次要的。2. 慢写与速写相结合。慢写是为了记录对象的整体和局部结构特征。速写则要求快速、简练，用概括简约的线条、俭省的笔墨抓住对象最突出的特征，并扼要地画出对象的形体、动态和神情。3. 写生与记忆相结合。

变化：也称变形。即对自然形态进行艺术提炼、加工，使之变为图案形象。它是形成图案形象的基本手段（见图3－1－23、图3－1－24）。

 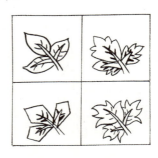

图3－1－23　向日葵花形变化　　　　图3－1－24　向日葵叶形变化

变化的目的是为主题所需，突出事物的特征，突破自然的束缚，使之理想化，激发视觉美感，同时也是为了适应工艺处理。

变化的倾向分为写实与写意，具象与抽象。离自然形态越远，则写意、抽象的程度越高。故而有此两者之分。

常用的变化方法有简化、夸张、规整化、适合、添加等。一个纹样通常几种方法并用。

1. 简化，即对自然形态删繁就简。"简"不是简单，而是形象更加概括、提纯、典型、简洁。简化是一切装饰手法的基础，若不简化，仍是逼真的自然形态，则特征不易突出，外形无法规整，更谈不上夸张变形。

2. 夸张，夸张是艺术创作中一种很重要的手法。不同艺术的表现形式和夸张程度有所不同。图案造型的夸张不是原型的简单放大，也不是随心所欲任意夸张，而是在现实的基础上，对自然形态的外形特点、神态、习性等进行适度的夸大和强调。在外形处理上，可使圆的更圆、方的更方、胖的更胖、瘦的更瘦。神态上，或机灵、憨厚，或雄武，或天真，加以渲染和突出，使其更能体现形式美，更自然得体，更富生命力。

3. 规整化，即把不整齐的、处于繁杂自然状态的东西，组织得更加整齐有条理，把不匀称的东西变得匀称，产生一种协调、和谐的韵律感。

4. 适合，因某些工艺条件的制约或某种需要，使自然形态适合于某一几何形内的变形方法，如方形虎枕的装饰纹样、圆形盘子的装饰纹样等。

5. 添加，指在经过简化或又经过夸张等变形以后，在纹样上附加一些装饰。它不是如实描绘取得的，而是根据图案设计的构思（造意），使其更丰富、充实，更符合理想。

技能训练 图案变形步骤

一、莲花变形步骤

将莲花由写生图变形为图案（见图3－1－25）可参照以下步骤进行：

（一）画好莲花设计稿。

（二）用硫酸纸对莲花进行描图。

（三）用硫酸纸把图案描在白卡纸上。

（四）画稿黑白搭配。

（1）莲花写生图

（2）莲花变形图

（3）莲花变形图案

图3－1－25 莲花：从写生图到变形图案

二、桃花变形步骤

将桃花由写生图变形为图案（见图3-1-26），可参照以下步骤进行：

（一）画好桃花写生图设计稿。
（二）用硫酸纸把莲花进行描图。
（三）用硫酸纸把图案描在白卡纸上。
（四）画稿黑白搭配。

（1）桃花写生图

（2）桃花变形图

（3）桃花变形图案

图3-1-26　桃花：从写生图到变形图案

课后练习：根据实物写生（或照片）作（花或叶、动物）变化练习。

任务3　平面图案的构成

任务导出

认识图案的纹样组织形式。

任务分析

平面图案纹样的组织形式分别为单独纹样和连续纹样两种。这两种纹样各有自己的组织形式和骨法，形成各种组合。这种不同的组合便是图案的构图。图案的构图取决于它的题材、内容和工艺品的形状、制作。在实际应用时虽然千变万化，有其不同的组合形式，但各部分的结构特点上仍有一定的规律性。

相关知识

平面图案构成是指器物上的装饰纹样和色彩，结合实际生活对物体进行一定的概括、夸张、变形，是实用性与装饰性使之相统一的一种艺术形式。

一、单独纹样

所谓"单独"纹样，是相对"连续"而言。它具有相对的独立性，是结构严谨，能够单独用于装饰，自由运用的一种装饰纹样，要求纹样形象完整。单独纹样分为自由纹样、适合纹样、角隅纹样、填充纹样等几种形式。

▶▶▶ （一）自由纹样

自由纹样指不受外轮廓限制，自由处理外形而单独构成和应用的纹样（见图3-1-27）。自由纹样虽"自由"处理，但应注意结构严谨、造型丰满、外形完美，给人视觉上的美感。

图3-1-27 自由纹样花卉

▶▶▶ （二）适合纹样

适合纹样适合于组织在特定的轮廓内，如方形、圆形、三角形、菱形、椭圆形等几何形内，或花朵形、桃形、石榴形等自然形内。其纹样形态正好与外轮廓相吻合，若去掉外轮廓，纹样仍有外轮廓的特点。

适合纹样的骨式很多，既可以是对称式，也可以是不对称式。对称式有直立（独立、对立、背立）放射（向心、离心等）、回旋等。不对称式是一种不规则的自由格式，在特定的外形中，纹样的形象虽不对称，但分量都相等，即纹样保持一定的平衡状态，取得一种更优美的效果。这种格式虽自由、活泼，但必须与某一外轮廓相适合。

1. 适合纹样——方形花卉图案设计，见图3-1-28。

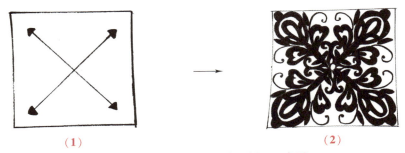

（1） （2）

图3-1-28 适合纹样设计示例——方形

2. 适合纹样——圆形花卉图案设计，见图3-1-29。

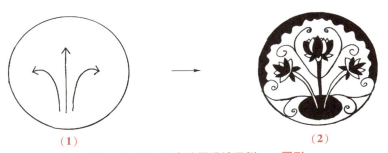

（1） （2）

图3-1-29 适合纹样设计示例——圆形

3. 适合纹样——三角形花卉图案设计，见图 3-1-30。

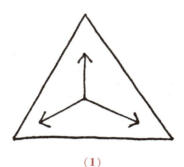

（1）

（2）

图 3-1-30　适合纹样设计示例——三角形

▶▶▶（三）三角隅纹样

角隅纹样，也称"角花"，指在带角的形状中有角隅部分装饰纹样，因大多与角隅相适合，故又称"角隅纹样"。它既可单独一角构成，也可对角、四角或多角构成。其骨式也分对称式（见图 3-1-31）和不对称式（自由式，见图 3-1-32）两种。

图 3-1-31　对称式

图 3-1-32　自由式

▶▶▶（四）填充纹样

填充纹样，指纹样组织受外轮廓的限制，但又不作完全适合的纹样，既可适应某一部分的空间与外框，而其他部分作自由处理，也可突破部分边线。轮廓内的纹样组织可以对称，也可以不对称，但空间分割须得体，纹样与空白关系要和谐。

> **课后练习**：提供素材，完成单独纹样作业一张，其中包括自由纹样、适合纹样、角隅纹样、填充纹样。

二、连续纹样

相对于单独纹样，连续纹样是以一个单位纹样（每个单位纹样由一个形象或两三个形象组合而成）作有规律的重复排列，成无限反复的纹样。如二方连续纹样、四方连续纹样。

▶▶▶ (一) 二方连续纹样

二方连续纹样指以一个单位纹样沿上下或左右两个方向作有规律的连续重复排列（见图 3-1-33、图 3-1-34）。二方连续图案，沿左右方向称横式二方连续，沿上下方向称纵式二方连续。二方连续纹样多用于装饰器物的边缘而形成带状，故又叫"带状纹样"或"边缘纹样"，它利用纹样的反复节奏取得优美的旋律。另外，作首尾相接排列的称"环状连续纹样"。

图 3-1-33　人物二方连续纹样

图 3-1-34　花卉二方连续纹样

▶▶▶ (二) 四方连续纹样

四方连续纹样指由一个单位纹样沿上下左右四个方向作有规律的连续重复的排列，并可无限扩展的纹样。四方连续多用于花布锦缎、壁纸、商品装潢装饰等。其组织形式有以下三种。

1. 散点式：散点排列是四方连续纹样中最常用的排列方法。它以一个单位纹样作分散排列（见图 3-1-35），排列方法有一至若干个散点不等。

2. 连缀式：连缀式连续纹样的单位图案互相连接或相互穿插（见图 3-1-36）。因有较强的连续性，纹样的面积较大，所以纹样不宜过密。

图 3-1-35　散点式连续纹样

图 3-1-36　连缀式连续纹样

3. 重叠式：即将两种不同纹样重叠成多层次的纹样。这种重叠式排列显得丰富又有变化，但处理不好容易杂乱、累赘。一般地说，将几何连缀纹样作"地纹"，以散点纹样或适当的连缀纹样作"浮纹"，便会取得好的效果。

技能训练

一、二方连续马蹄莲设计制作步骤

二方连续马蹄莲设计制作步骤（见图3-1-37）如下：

（一）设计好骨架。

（二）选择图形绘制单位纹样。

（三）将确定的单位纹样复制到每个单元中。

（四）着色完成。

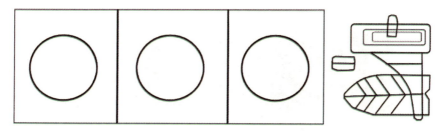

（1）设计骨架　　　　　　　　（2）选择图形

（3）纹样复制

（4）着色完成

图3-1-37　二方连续马蹄莲设计制作步骤

二、四方连续小猫设计制作步骤

四方连续小猫设计制作步骤（见图3-1-38）如下：

（一）选好散点式骨架。

（二）画好图案并进行上色。

（三）上色要先上面积大的，依次类推。

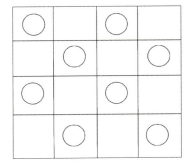

（1）选择骨架

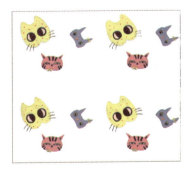

（2）画图

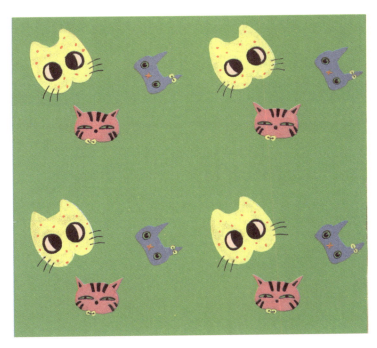

（3）上色，完毕

图3-1-38 四方连续小猫设计制作步骤

课后练习：提供素材，完成二方连续纹样、四方连续纹样各一幅。

参考作品

连续纹样设计制作参考作品,如图3-1-39、图3-1-40、图3-1-41。

图3-1-39　二方连续设计作品

图3-1-40　四方连续设计作品(示例一)

图3-1-41　四方连续设计作品(示例二)

项目2　色彩装饰画

【项目介绍】　装饰画是一种绘画的表现形式，它主要通过对自然的、具体的图形、色彩、线条进行夸张、简化的变形和有序的排列，使画面产生节奏感和韵律感，从而产生高于生活原型的美感体验。装饰画的素材主要来源于生活本身，将一些图形进行有序地排列之后，产生一种超越现实的强烈的视觉效果，所以给人纯粹体验美感的空间。内容主要有铅笔淡彩、油画棒画、幼儿色彩装饰画。

【知识目标】　色彩装饰画突破了原有色彩上的束缚，从人类内心最原始的情感出发，应着重理解主次色彩、色彩分配，体会搭配的含义，掌握各种绘画的特点和表现方法。

【素质目标】　通过色彩装饰画的学习，认识色彩组合所产生的美感，使身心得到美的熏陶。装饰色彩常常和现实生活中的色彩不一样，虽然它源于自然，但不是对自然色彩的复制，学习色彩装饰，理解艺术作品，培养直觉美感，使学生更快速地提升创造性思维。

任务1　铅笔淡彩

任务导出

认识和理解铅笔淡彩画的艺术特征。让学生结合运用铅笔淡彩画画出自己喜欢的作品。

任务结合铅笔淡彩画特点，了解铅笔淡彩画的表现技法以及铅笔淡彩画创作方法。

铅笔淡彩画是画好素描稿以后适当施以水彩，具有素朴典雅、厚重滋润的艺术效果。

铅笔淡彩画以其素雅、清新的艺术风格深受大众所喜爱。更易于有一定素描造型能力的学前教育专业学生掌握。

一、铅笔淡彩的作用

铅笔淡彩画的最大特点是能在较短的时间内通过简单的图形勾勒、色彩罩染，将复杂的物体简明扼要地表现出来，它所呈现出的轻快明丽的特质在幼儿园很多方面都有所应用。

二、铅笔淡彩画绘制方法

当素描稿形成后，即可用几种较为单纯的颜色加较多水分铺色、罩染，色彩要尽可能概括。水分可以多些，保持透明的效果。可以用色彩并置的方法大面积地铺色，特别要注意强调大的明暗、冷暖关系，不必追求丰富、细微的变化，以使画面保持生动别致的效果。

三、铅笔淡彩注意事项

铅笔淡彩稿不必画得太深入，只需要勾画出简单的明暗调子，上色基本是平涂，色一定要薄而透明，不要画脏了，如果一片颜色上好后需要加颜色使它变得更深，那么什么时候去上色就很重要了，如果在画面非常潮湿的时候去上，那么就容易把颜色混在一起，造成画面浑浊，脏的感觉会影响到画面的效果。要控制好水分，一般在半干的时候衔接另一块颜色比较好。画好的颜色要依稀看出铅笔的线条。

技能训练

猫头鹰铅笔淡彩画画法步骤（见图3-2-1）如下：

（一）用铅笔画出草稿，并勾上线条。

（二）用铅笔画出猫头鹰及树的明暗关系。

（三）先画亮部再画暗部，颜色要淡，要薄、透明。

铅笔草稿（1）

画出大致明暗（2）

上色调整（3）

图3-2-1　猫头鹰的铅笔淡彩画法

任务2　油画棒画

任务导出

油画棒画主要特点，表现方法，作画步骤。

任务分析

油画棒简便易行，幼儿一旦有了绘画冲动，就可以立刻开始创作。一般来说，幼儿园的孩子比较适合用油画棒，因为它比较软、油性足、涂色面积大，孩子使用起来比较方便。

相关知识

油画棒是一种棒形画材，由颜料、油、蜡等特殊混合物制作而成，使用起来非常简便。孩子可以直接在纸上画画，或用点彩、混色、预混色、层涂等技法丰富其表现效果。

一、油画棒的艺术特点

油画棒是一种油性画材,色彩鲜艳,携带方便,表现技法丰富,效果独特,是幼儿园美术教学的主要绘画工具之一。

二、油画棒的基本技法

(一)点彩法:用油画棒的一端在纸上轻击以形成彩色圆点。

(二)混色法:在一块上色区域的边缘处再涂上另外一种颜色,然后用手指或纸头把颜色混在一起并涂平。

(三)预混色法:画在纸上之前,可在调色板上混合颜料。

(四)层涂法:上底色,然后选择另外一种颜色,用油画棒的粗头把第二种颜色涂在底色上。

技能训练

用油画棒画小飞机的绘画步骤(见图3-2-2)如下:

(一)用铅笔画好设计稿。

(二)用深色笔把画的轮廓线描好。

(三)从背景彩虹开始着色。

(四)然后上小飞机颜色。

(五)最后把天空蓝色填满。

(1) 铅笔打稿

(2) 勾描轮廓

(3) 着色

(4) 进一步着色

图3-2-2 用油画棒画小飞机的绘画步骤

（5）再进一步着色　　　　　　　　　　　　（6）完成

图 3－2－2　用油画棒画小飞机的绘画步骤（续图）

用油画棒画兔子拔萝卜的绘画步骤（见图 3－2－3）如下：

（一）用铅笔画草稿。

（二）用深色笔把画的轮廓线描好。

（三）从脸部开始着色，依次萝卜、大地。

（四）最后上天空颜色。

（1）铅笔打稿　　　　　　　　　　　　（2）勾描轮廓

（3）着色　　　　　　　　　　　　（4）进一步着色

图 3－2－3　用油画棒画兔子拔萝卜的绘画步骤

模块三

图案 色彩装饰画

（5）再进一步着色

（6）完成

图 3-2-3　用油画棒画兔子拔萝卜的绘画步骤（续图）

任务3　幼儿色彩装饰画

任务导出

认识和理解幼儿色彩装饰画的内容，学习掌握装饰画的色彩调配。

任务分析

幼儿的绘画过程，是幼儿的心灵重新建构对世界认识与理解的过程。装饰性是儿童画的特点，幼儿的画中主要是一些象征性图形、线条、色彩的运用，也主要表现个人情绪，因而装饰画最易被幼儿接受。这种伴随着幼儿兴趣的造型活动，可以培养幼儿锐敏的观察力、对形象的感受力、丰富的构想力、表达的流畅性、思维的独创性、塑造的可变性、再决定与再构成的能力等。

相关知识

一、幼儿比较喜欢卡通装饰性的画面内容：画中主要是一些象征性图形，色彩的运用也主要表现个人情绪，因而装饰画最易被儿童接受。但儿童画并不是严格意义上的装饰画，只是带有很强的装饰性而已。开展装饰画教学非常适合幼儿身心发展的需要，同时也有利于幼儿更好地掌握色彩。

二、幼儿的装饰画主要局限于色彩的装饰：色彩是装饰画形式美的重要因素。在装饰画中，装饰画面时要用多种讲解演示，使幼儿懂得基本的配色方法，知道用红和黄、绿和橙、蓝和粉色配合能产生较为强烈鲜明的色彩效果。颜色要配得深浅得当，使之更加美丽鲜艳，引人注目。可以允许幼儿按自己的意愿选配颜色。

三、教师必须要指导幼儿进行深浅颜色的调配：如深红和浅红、墨绿与浅绿等同种色的调配，橘黄与赭色、深蓝与蓝绿等类似色的调配，红与黄、橙与蓝等对比色的调配等。

色彩装饰画的总目标是引导幼儿发现和运用颜色深浅的有序排列，使作品色彩鲜明，由此产生初步的色彩感。在色彩处理上，要使幼儿知道应注意色彩之间的多与少、主与次、深与浅的关系，要提供范例、图片让幼儿欣赏，以启迪幼儿用色的思路，还要热情地鼓励幼儿用自己喜欢的颜色涂染，不必强求一律。幼儿通过活动前后有目的地观赏作品，在积累颜色深浅不同排列的具体经验中，初步掌握配色装饰的简单规律。

技能训练

幼儿色彩装饰画《长颈鹿与兔子》的绘画步骤（见图3-2-4）如下：

（一）用铅笔勾画稿。

（二）以粉色背景开始着色。

（三）后给鹿和兔子着色。

（1）铅笔打稿　　　　　　（2）着色　　　　　　（3）完成

图3-2-4　幼儿色彩装饰画《长颈鹿与兔子》的绘画步骤

幼儿色彩装饰画《外星人》的绘画步骤（见图3-2-5）如下：

（一）先用铅笔画好稿。

（二）用深颜色画卡通头部，黄色画身体。

（三）然后给其他背景着色。

（四）最后调整画面。

（1）铅笔打稿

（2）着色

（3）进一步着色

（4）完成

图3-2-5　幼儿色彩装饰画《外星人》的绘画步骤

参考作品

幼儿卡通画参考作品，见图3-2-6~图3-2-19。

图3-2-6　卢月作品

图3-2-7　李娩怡作品

图3－2－8　刘佳晨作品

图3－2－9　齐苗苗作品

图3－2－10　刘婧作品

图3－2－11　司丽娜作品

图3－2－12　王爽作品

图3－2－13　慕安桐作品

图3－2－14　冯雪作品

图3－2－15　贾婧潇作品

图 3-2-16　贾婧潇作品

图 3-2-17　刘芙伶作品

图 3-2-18　参考作品

图 3-2-19　参考作品

模块四
幼儿园手工制作

【模块综述】 创造能力是每个人都具有的。而创造能力能否得到发挥，与创造品格的培养有着很大的关系。手工制作是幼儿教师指导启发幼儿利用纸张、黏土、综合材料等进行创作的活动。由于手工制作材料具有多样性及可塑性强等特点，能激起幼儿的创作活动的兴趣，所以幼儿对于手工制作可以说是情有独钟的。幼儿的才智反映在他的手指尖上，只有让幼儿在操作中动手、动脑，用多种感官参与活动，才能使幼儿的智慧和能力得到最大限度的发展。而手工制作正是典型的手脑并用、手眼协调，有利于全面开发幼儿大脑和开发幼儿的创造力。这种符合幼儿身心健康发展的需求决定了幼儿园手工制作的实用价值。

【情境描述】 手工制作能使幼儿的游戏与美术手工制作相结合，培养幼儿的学习兴趣，把手工制作活动的趣味教育寓于游戏当中，达到教育和游戏的双重目的。手工制作活动能促使幼儿的整个心理活动健康积极化，使其想象力更加丰富，克服困难的意志力得到增强，记忆力进一步强化，能开阔幼儿的思路，激发幼儿的学习欲望和热情，充分调动幼儿的积极性和主动性。

【情境分析】 幼儿园手工制作对幼儿手眼协调能力的培养，肌肉的灵活性、精准性的发展，以及对幼儿想象力与创造力、细心耐心、勇于探索等习惯的培养都有深远意义，是幼儿启蒙发展的重要组成部分之一。本模块内容包括纸工制作、黏土制作、综合材料制作。

项目1　纸工制作

【项目介绍】　本项目主要内容有折纸、纸贴画、纸立体、纸浮雕、剪纸、吊饰制作。

【知识目标】　学前教育专业学生学习用各种类纸设计制作各种平面的、立体的纸艺术品，制作出各种动植物、人物形象，美化生活。学会运用各种手工的基本技法制作有特色的手工作品；培养幼儿的创造性思维能力和动手能力。

【技能目标】　熟练掌握手工制作的各种技能，运用材料的特点进行设计创编。

【素质目标】　学前教育专业学生学习手工制作的各类方法，进一步理解和掌握手工制作方法与内涵。帮助幼儿形成正确的审美能力，陶冶情操。提高动手能力，培养幼儿的想象能力和创新能力。

任务1　折　　纸

任务导出

基本折纸方法，折纸玩具制作，用折纸在教室布置。

任务分析

练习制作各类不同的简单折纸——上衣裤子、昆虫、鱼类、花草、动物、人物等，将其作为幼儿园各科教学的教具，或者直接作为孩子们的游戏材料。

学习折纸，应从简单到复杂，逐步进行。随着所折形象难度的提高，学生会越折越有乐趣。折纸在幼儿园的用途很广泛，在折纸及其相关的创造活动中，可以充分调动幼儿的各种感觉器官，积累丰富的感性经验，培养幼儿的观察力、记忆力、想象力和创造力。折纸可以促进幼儿双手小肌肉群的发展，使其动作灵活、准确，掌握一定的手工技能技巧，发展审美能力。因此，作为幼儿教师，应具有一定的折纸技能，应具有一定的艺术表现能力和感染力，能在教育教学活动中激发幼儿表现美、创造美的欲望；能够通过自身对折纸艺术的理解与幼儿沟通，使幼儿理解并愿意参与折纸活动；还应能够通过情感的渲染和幼儿一起去欣赏、赞美、表现和创造美。

相关知识

一、基础知识：

（一）折纸是一种将纸张折成各种不同形状的艺术活动。折纸艺术起源于中国，是一项有益儿童身心健康、开发智力和思维的一种活动。而且材料方便易得，制作简便。也可以通过折纸培养儿童动手能力，发挥儿童的想象力、创造力，使儿童的手脑能够协调发展。

（二）折纸符号和图例，见图4－1－1。

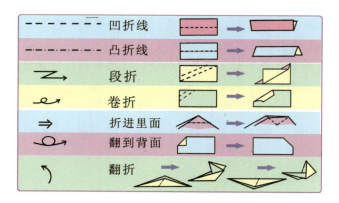

图4－1－1　折纸符号和图例

二、基本折法：对边折（见图4－1－2），集中一角折（见图4－1－3），对角折（见图4－1－4），两边向中心线折（见图4－1－5），四角向心折（见图4－1－6），双菱形折（见图4－1－7），双三角形折（见图4－1－8），双正方形折（见图4－1－9）等。

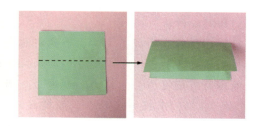

图4－1－2　对边折

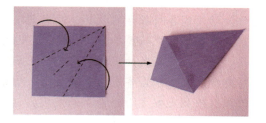

图4－1－3　集中一角折

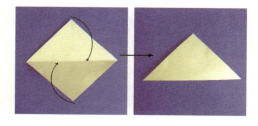

图4－1－4　对角折

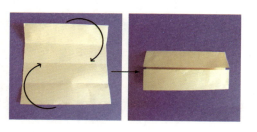

图4－1－5　两边向中心线折

模块四
幼儿园手工制作

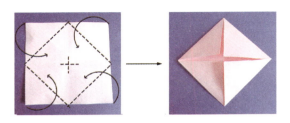

图 4-1-6　四角向心折

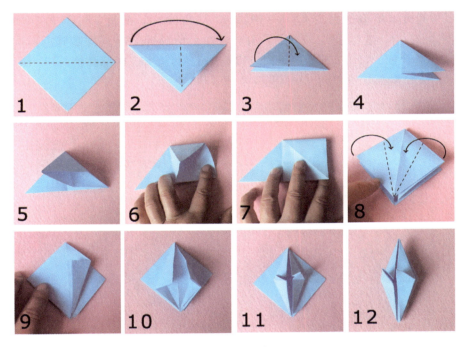

图 4-1-7　双菱形折

图 4-1-8　双三角形折

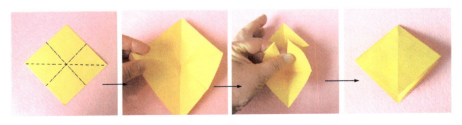

图 4-1-9　双正方形折

139

技能训练

一、工具材料：折纸所用的材料工具主要有各色彩纸和剪刀等。

二、折纸学习方法：首先，要认识折纸教程图的折纸符号，做到没有文字注解也看得懂。

其次，这只是一个需要耐心的活动，入门不难，但是细细品味之后你会发现，现代折纸是一门很高深的艺术，需要耐心研究探索。

（一）鸟的折纸步骤（见图4-1-10）：1.对角折。2.翻折。3.对角折。4.压实。5.如图所示翻转。6.进行压实。7.底下角对着左上角对折。8.同样步骤反面同样操作。9.对角折。10.压实。11.头部折进里面。12.进行压实。13.尾部翻折。14.压实并将尾部折进里面。15.胸部折进里面。16.调整及画眼睛。

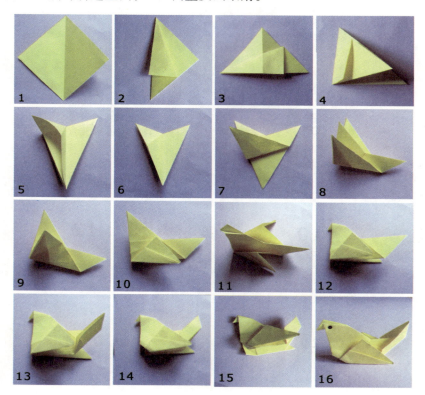

图4-1-10 鸟的折纸步骤

（二）蝴蝶的折纸步骤（见图4-1-11）：1.对边折两次。2.十六分之一折。3.如图四角对角纸。4.如图对边折。5.翻过来。6.对边折。7.再对边折。8.选右侧掀开。9.右下角中心做等边三角形。10.压实。11.翻过来。12~13.选右侧掀开。14.压实。15.三角形对边折。16.展开。17.左右上角掀开。18.做成对称三角形并压实。19.对边折。20~21.对蝴蝶躯干部分进行左右对称折。22.躯干折完效果。23.头部折完效果。24~25.蝴蝶折完前后效果。

（三）折纸心的步骤（见图4-1-12）：1~2.用长方形纸对边折形成正方形。3.展

模块四

幼儿园手工制作

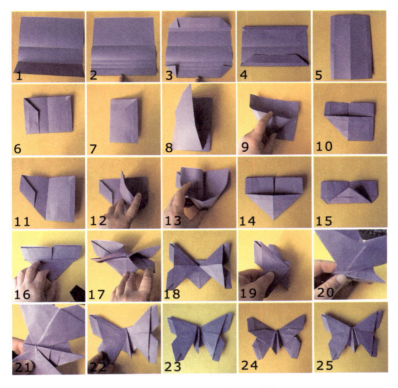

图 4−1−11 蝴蝶的折纸步骤

开成长方形在上端正方形里对角折。4. 与步骤3等同。5~6. 与3~4操作等同。7. 下面正方形展开。8. 做如图操作。9~11. 折成更小的方形。12~13. 向对角折。14~15. 在做小对角折。16~17. 把小对角向内折成小方形。18. 小方形做集中一角折。19. 翻过来。20~21. 三个角做向中心折。22. 翻过来进行调整。23. 完成图。

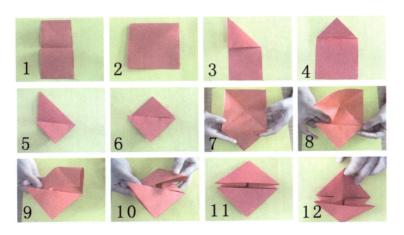

图 4−1−12 折纸心的步骤

141

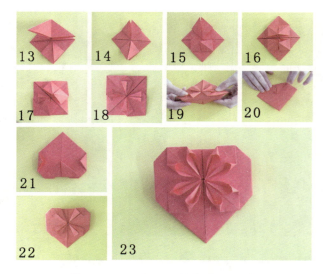

图 4-1-12 折纸心的步骤（续图）

课后练习：1. 熟练掌握折纸的基本折法。2. 根据所学基本折法完成一幅折纸作品。

参考作品

学生折纸参考作品，如图 4-1-13~图 4-1-24。

图 4-1-13 衣服折纸

图 4-1-14 昆虫折纸

图 4-1-15 猫折纸

图 4-1-16 蝴蝶折纸

图 4-1-17 小马折纸

图 4-1-18 枫叶折纸

图 4-1-19　孔雀折纸

图 4-1-20　鸽子折纸

图 4-1-21　螃蟹折纸

图 4-1-22　花朵折纸

图 4-1-23　马折纸

图 4-1-24　兔子折纸

学生折纸创编参考作品，如图 4-1-25～图 4-1-28。

图 4-1-25　学生折纸创编作品

图 4-1-26　学生折纸创编作品

图4-1-27 学生折纸创编作品

图4-1-28 学生折纸创编作品

任务2 纸贴画

任务导出

纸贴画概述，基本制作方法，创意纸贴画的制作步骤。

任务分析

制作纸贴画并布置到幼儿园中，与幼儿一起感受幼儿园生活与艺术的丰富多彩，体验纸贴画的美感与实用性。

一、纸贴画

纸贴画是将卡纸裁剪、粘贴成合适的图形，再组合成完整的作品。纸贴画通过构思、起稿、裁剪、拼贴、组合等方式，能形成具有一定主题且具有装饰效果的装饰艺术品。在制作纸贴画的过程中可以提升学生的思维能力、表现能力以及高校学生的动手能力、创造能力，将来为幼儿园环境创设和幼儿动手创新能力培养打下基础。

二、所用的工具和材料

制作纸贴画所用的工具和材料主要有剪刀、双面胶、乳白胶、彩色卡纸、圆规、铅笔橡皮、直尺等。

三、基本制作方法

>>> （一）纸贴画的制作方法

制作纸贴画的方法主要有画、剪、刻、粘四种，其具体步骤如下：
1. 构思：在制作纸贴画之前要考虑即将制作的内容，并要画好草稿。
2. 画图：根据草稿，形象要提炼概括，主要特征要突出。
3. 制作：制作技法有刻、剪、粘，并要组合着用。

4. 粘贴：将剪切制作好的图形粘贴到厚纸板上，注意远近层次。

▶▶▶ （二）制作纸贴画的基本要求

1. 创意要新颖，形式要活泼，主题要突出。
2. 层次要分明，色调要统一，整体感要强。
3. 制作要精湛，细节要精细，画面要协调。
4. 画面要调整，要完善。

技能训练

一、猫的纸贴画制作步骤

猫的纸贴画制作步骤（见图 4-1-29）如下：

（一）先画好猫的设计图。
（二）用黄颜色卡纸剪切好猫的头部。
（三）用粉色做猫的身体。
（四）剪好四肢并安排好位置。
（五）粘贴眼睛。
（六）粘贴嘴及头饰、上肢的条纹。

图 4-1-29 猫的纸贴画制作步骤

二、鹿群创意纸贴画制作步骤

鹿群创意纸贴画制作步骤（见图 4-1-30）如下：

（一）用铅笔在图画纸上设计好鹿群布局图。
（二）根据设计图纸，剪切背景、草地、鹿、树、草等。

（三）根据画面设计把蓝色背景、远处小树、草地、近景树等粘贴在相应的位置上。

（四）把剪切好的垂柳、鹿粘贴在相应的位置上。

（五）粘贴鹿的眼睛白色部分。

（六）把鹿身上的鹿纹按疏密、大小粘贴在适当的位置上。

（七）最后粘贴鹿的嘴，眼睛的黑色部分、鹿的脚趾。近景草根据大小安排布局并粘帖。

图4-1-30 鹿群创意纸贴画制作步骤

三、草原风情创意纸贴画制作步骤

草原风情创意纸贴画制作步骤（见图4-1-31）如下：

（一）先用铅笔设计好画稿。

（二）根据设计稿把背景和近景草地剪切并粘贴好。

（三）按设计稿把马、绵羊、蒙古包、栅栏、云彩等用各色卡纸剪切好。

（四）根据物体的前后顺序，将其排好。

（五）注意前后顺序先把远处云彩、树、蒙古包、栅栏粘贴好。

（六）马、绵羊位置确定并粘贴好。

（七）近草根据前后大小粘贴在恰当位置上。

（八）调整补充画面。

（1）

（2）

（3）

（4）

（5）

（6）

（7）

图 4－1－31　草原风情创意纸贴画制作步骤

课后练习：完成一幅有画面场景的纸贴画。

参考作品

学生创意纸贴画参考作品，见图 4-1-32～图 4-1-43。

图 4-1-32　参考作品（示例一）

图 4-1-33　参考作品（示例二）

图 4-1-34　参考作品（示例三）

图 4-1-35　参考作品（示例四）

图 4-1-36　参考作品（示例五）

图 4-1-37　参考作品（示例六）

图 4-1-38　参考作品（示例七）

图 4-1-39　参考作品（示例八）

图4-1-40　参考作品（示例九）

图4-1-41　参考作品（示例十）

图4-1-42　参考作品（示例十一）

图4-1-43　参考作品（示例十二）

任务3　纸立体

任务导出

纸立体是一种以彩色卡纸、彩纸为基本材料，使用剪刀、圆规、刀具等工具造型的手工艺术。立体纸价格便宜，便于制作，便于更换，适用于幼儿园教具玩具制作。

任务分析

纸立体作品的制作，需要熟练地掌握剪、切、折、卷、叠、粘的技巧，掌握了这些就可以制作出各种各样的纸立体作品。在进行纸立体作品制作之前，要掌握各类纸张的性质和特性，在设计与制作中才能得心应手。

一、纸立体

纸立体造型通过卡纸就可以创造出动物、器皿以及人物、建筑等。纸立体具有造型生动、取材方便等特点。纸立体是运用点、线、面的造型语言，按照美的原则组成新形体的过程。它通过卷曲、折叠、粘贴、接插等技术手法制作成几何形体，演变出其他的艺术形象，立体感强，具有趣味性。

二、材料工具

纸立体的制作材料由硬纸、软硬适中的纸材组成。

(一) 硬纸

硬纸适合制作较大型的纸立体作品,如建筑模型。其作品有力度感,易于成型。硬纸包括彩色卡纸、纸板、瓦楞纸。

(二) 软硬适中的纸材

软硬适中的纸材广泛用于纸造型作品,是纸立体经常选用的纸材,主要有彩色打印纸、铜版纸、素描纸等。

纸立体的加工工具,常用的有剪刀、刻刀、双面胶、白乳胶等。

三、基本技法

纸立体的表现形式分为两种:一种是构成造型,如制作的几何形体,包括正方体、圆锥体、棱柱、多面体等;另一种是仿生造型,如立体人物造型等,仿生造型可以表现为面状造型、带状造型等。

纸立体的基本构成技法如下:

(一) 平面拼贴:平面拼贴可将各种纸张加以剪、刻后重新组合。

(二) 折叠:折叠可使平面的纸张产生凹凸变化,形成立体造型。一张纸经过折叠后可产生两个或多个面。折叠包括直线折叠、折线折叠、曲线折叠。折叠前最好用刀背刻画好折叠线,这样易于折叠。

(三) 弯曲:弯曲包括扭曲、卷曲、螺旋曲等。

(四) 用线:用线可使作品成型。

(五) 切割:切割分为直线切割、曲线切割和挖切。

(六) 接合:接合分为插接、编接、粘接。

四、纸立体制作图解

(一) 纸立体构成造型

1. 正方体:正方形造型。
2. 圆锥形:圆锥体造型。
3. 五棱柱:五棱柱造型。

(二) 仿生造型

技能训练

一、首先构思设计好所要塑造的动物、植物、人物等形象特征。

纸立体仿生造型(老虎)的制作步骤(见图 4-1-44)如下:

1. 剪切好长方形。2. 把方形卷成圆柱体。3. 制作老虎头部外形。4. 剪黑条做虎纹并粘贴鼻子。5. 粘贴肢体上的虎纹。6. 把上肢插入圆柱体内。7. 粘贴胡须和嘴。8. 将头部与身体部位粘贴在一起。

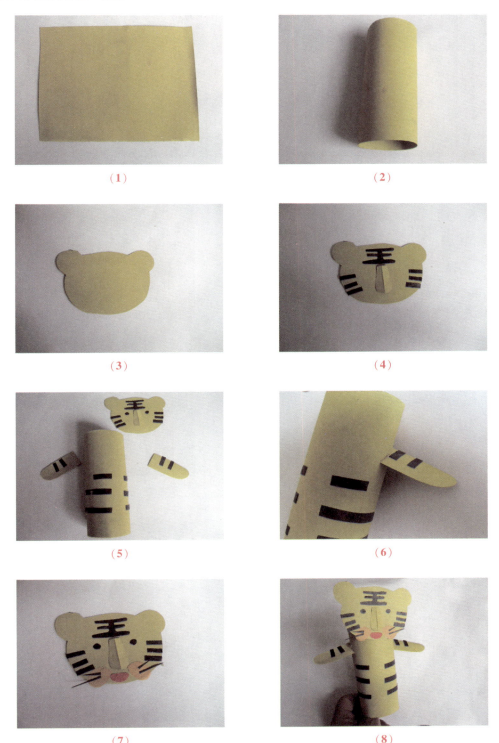

图4-1-44 纸立体仿生造型（老虎）的制作步骤

纸立体仿生造型（树）的制作步骤（见图 4-1-45）如下：

1. 画好树冠。2. 剪切树冠。3. 选择深棕色做树干并剪切。4. 剪切树干小口把树冠插入。

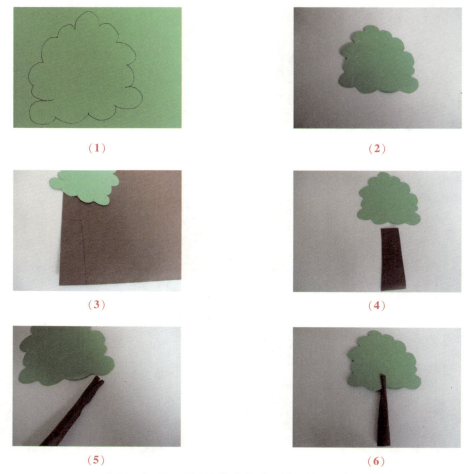

图 4-1-45　纸立体仿生造型（树）的制作步骤

纸立体仿生造型（熊）的制作步骤（见图 4-1-46）如下：

1. 做圆柱体。2. 画图设计并剪切头部。3. 头部脸下剪小口并粘贴。4. 将头部、手、身体组合粘贴。

（1）

（2）

图 4-1-46　纸立体仿生造型（熊）的制作步骤

（3） （4）

图 4-1-46 纸立体仿生造型（熊）的制作步骤（续图）

二、实际应用创编

（一）纸立体在于培养学生对造型的感觉能力、想象能力和构成能力。纸立体造型能够提高学生的空间想象能力和动手制作能力，丰富学生的想象空间。同时，其对于开发幼儿的大脑，促进其智力发展也大有裨益。

（二）纸立体是幼儿园教学活动中经常用到的教学内容。尤其是纸立体场景有着极强的装饰效果，因此常常被用于幼儿园美化环境、装饰生活。

纸立体场景设计步骤，见图 4-1-47。

（1） （2）

（3） （4）

图 4-1-47 纸立体场景设计的步骤

课后练习：制作有动物、树、房子等场景的纸立体作品。

参考作品

纸立体学生创意参考作品，如图 4–1–48 ~ 图 4–1–53。

图 4–1–48　参考作品（一）

图 4–1–49　参考作品（二）

图 4–1–50　参考作品（三）

图 4–1–51　参考作品（四）

图 4–1–52　参考作品（五）

图 4–1–53　参考作品（六）

任务 4　纸浮雕

任务导出

纸浮雕是一种以卡纸、彩纸为基本材料，使用剪刀、圆规、刀具等工具进行造型的手工艺术，通过凹凸折、剪切、粘贴等手段，产生有趣的光影变化。纸浮雕纸材便于取得，价格便宜，便于制作，便于更换，可以满足幼儿园等场所的环境布置的需求。

任务分析

纸浮雕装饰工艺作品的制作，需要熟练地掌握切、剪、折、卷、叠、粘的技巧，通过熟练掌握技法，就可以制作出各种各样的纸浮雕世界。在进行纸浮雕装饰工艺作品制作之前，要先认识各类纸张的性质和特性，有了全方位的准备，设计与制作中才能得心应手、游刃有余。

一、纸浮雕

纸浮雕是在平面上雕刻出凹凸起伏形象的一种雕塑艺术形式，也是雕塑与绘画结合的产物。纸浮雕一般是附属在另一个平面上的具有装饰立体效果的纸制品。

纸浮雕是利用纸材，经过切割、弯折、叠压等方式处理以后，形成有凹凸起伏的立体艺术造型，具有立体效果与装饰效果。纸浮雕的起源可以追溯到中国纸的发明及 16 世纪德国对纸的改良成果。纸作为立体形式的表现载体出现得很早，中国很早就有手工扎制而成的人物。纸浮雕的表现内容有动物、人物、风景、建筑，还可以是生活中常见、常用的物品。

二、纸浮雕的制作技法

纸浮雕是利用纸张易于弯曲、折叠、剪切，具有柔韧性的特性，将纸张裁制成适宜的图形，然后运用纸浮雕的加工技法进行加工，使之组合成成品。其作品能呈现出浮雕的立体感和层次感。纸浮雕的基本技法有折、卷、刻、粘、插、接、划、剪等。纸浮雕的表现方法主要有剪贴法、凹凸法、折边法、雕刻法，在制作过程中可以多种方法组合使用。

三、材料工具

（一）材料：卡纸、彩色卡纸、彩纸。

（二）工具：在纸浮雕创作与制作前，工具和制作方法、材料等的准备和认识是必要的，其中又以基本工具的配备和使用最为紧要，这是制作好纸浮雕装饰工艺作品的关键。

1. 圆规：能准确地画出圆及圆形折痕。
2. 镊子：可做细小的粘贴和组合。
3. 铁笔：画卡纸折痕，可以方便转印、画纹路。使用时注意力度的把握，不要力度

过大，以免把卡纸刺透。

4. 剪刀、裁纸刀、胶水、直尺、铅笔、橡皮等。

四、基本技法

1. 直线折的基本技法（见图4-1-54）如下：

（1）用虚线标出凹凸折线。（2）根据标出的折线进行凹凸折。

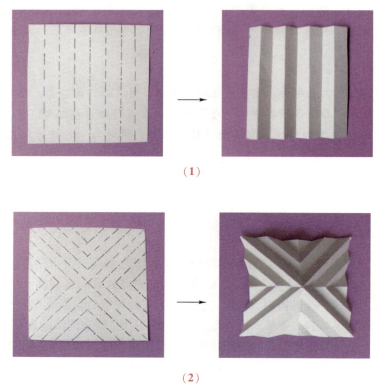

（1）

（2）

图4-1-54 直线折的基本技法

2. 圆形折的基本技法（见图4-1-55）如下：

（1）用虚线标出凹凸折线。（2）剪切阴影处，根据标出的折线进行凹凸圆形折。

（1）

图4-1-55 圆形折的基本技法

（2）正面

（3）反面

图4-1-55 圆形折的基本技法（续图）

技能训练

一、准备材料：彩色卡纸，白乳胶。

二、准备工具：剪刀、裁纸刀、圆规、铅笔。

三、制作步骤：

（一）确定主题与内容，并画出草图。

（二）制作主体形象，塑造出大的半立体感。

（三）装饰、细节制作。

1. 牛首纸浮雕的制作步骤（见图4-1-56）如下：

（1）设计牛的图纸。（2）根据图纸进行裁剪。（3）裁剪后的卡纸，用圆规、铁笔来画折痕，进行眼睛、牛角、鼻子、鼻孔等的塑造，使其产生浮雕效果。

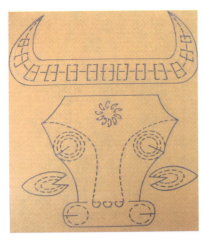
（1）

（2）

图4-1-56 牛首纸浮雕的制作步骤

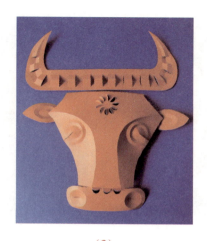

（3）

图 4-1-56　牛首纸浮雕的制作步骤（续图）

2. 人首纸浮雕的制作步骤（见图 4-1-57）如下：

（1）设计人物详细图纸。（2）按设计图进行裁剪。（3）用铁笔、圆规画折痕后进行凹凸效果的处理。（4）组合并粘贴装饰。

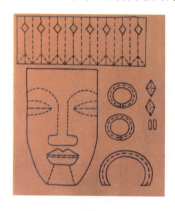

（1）

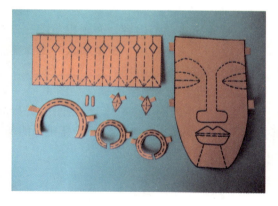

（2）

（3）

（4）

图 4-1-57　人首纸浮雕的制作步骤

（5）

图4-1-57 人首纸浮雕的制作步骤（续图）

3. 纸浮雕技能提升作品制作步骤（见图4-1-58）如下：

（1）设计纸浮雕平面图。（2）根据设计图纸进行配色裁剪并剪切制作浮雕形。（3）粘贴头部主体。（4）粘贴鱼和左右鼻子两边对称装饰物。（5）粘贴眼睛和其他装饰部件。

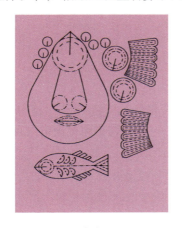

（1）

（2）

（3）

（4）

图4-1-58 纸浮雕技能提升作品制作步骤

(5)

图 4-1-58　纸浮雕技能提升作品制作步骤（续图）

四、实际应用

纸浮雕因图案鲜明，具有现代气息，加之它是用纸张制作成的作品，显得格外亲切，常被广泛地应用于布置装饰美化幼儿园及教学方面，是一种富有实用价值的应用艺术。

> **课后练习：** 1. 制作一幅动物浮雕作品。2. 制作一幅主体性浮雕作品。

参考作品

学生创意作品展示，如图 4-1-59～图 4-1-64。

图 4-1-59　浮雕参考作品（一）

图 4-1-60　纸浮雕参考作品（二）

图 4-1-61　纸浮雕参考作品（三）

图 4-1-62　纸浮雕参考作品（四）

图 4-1-63　纸浮雕参考作品（五）

图 4-1-64　纸浮雕参考作品（六）

任务 5　剪　纸

任务导出

了解剪纸，认识剪纸，剪刻剪纸。

任务分析

用自己手中的小剪刀剪出五彩缤纷的剪纸世界，剪出一个美好的愿望。剪纸艺术可以启迪幼儿的智慧，发展幼儿想象力，增强幼儿的动手能力。大家应共同努力，从幼儿抓起，传承古老优秀民间剪纸艺术，弘扬发展祖国民族传统文化。

相关知识

一、剪纸的历史与艺术特点

剪纸是中国特有的最为古老的民间艺术之一。它是在材料面上镂空雕刻图形的艺术。

造纸术发明后有了纸，真正意义上的剪纸才出现。《史记》中记载了汉武帝"剪相封弟"的故事。目前所见到的最早的剪纸作品，是1959年在新疆出土的南北朝时期的《对猴》《对马》团花剪纸，它们距今已有1 500多年的历史了。

剪纸在中国民间流传极广，其以很强的装饰性、趣味性，显示出独特的生命力，并因材料易得、成本低廉、美观大方、适应面广而受到广大群众的喜爱。作为传统民间艺术的一种形式，在民俗活动中占有重要位置。剪纸艺术受工具材料的制约，形成了自己特有的艺术造型特点：讲究黑白对比、虚实呼应，连而不断、满而不塞，讲究夸张与变形，形象富于装饰性与概括性。

隋唐时期，还出现了利用剪纸形式制作的漏板印花版，人们用厚纸刻成花版，将染料漏印到布匹上，形成美丽的图案。隋唐以后，剪纸艺术不断发展，到了明清时期，剪纸手工艺术走向成熟，并达到鼎盛时期。其运用的范围更加广泛，如彩灯上的花饰、扇面上的纹饰以及刺绣的花样等，都是利用剪纸作为装饰进行再加工的。

二、剪纸分类与材料工具

（一）分类：剪纸从艺术式样上分为单色剪纸、染色剪纸、套色剪纸、分色剪纸、填色剪纸、折叠剪纸等。

（二）剪纸的工具与材料：剪纸的工具材料简单，主要有彩色纸张、剪刀、刻刀、蜡盘等。

三、剪纸的制作步骤

（一）起稿：构思确定后，起稿安排画面，对画面进行具体的描绘，画出剪切效果。

（二）剪、刻：将画面和纸的四角用回针固定好。为了保证画面形象的准确，人物应先剪五官部分，花鸟则先从剪细部开始，再由中心慢慢向四周剪刻。

（三）揭离：剪刻完毕后，需要把剪纸一张张揭开。揭开时要细心，以免断开。

（四）粘贴：揭离完毕后，需要把成品粘贴起来，便于保存。方法有两种：

1. 把剪好的剪纸平放在托纸上，用毛笔蘸胶水或白乳胶由里向外粘，优点是比较简便。

2. 把剪纸反过来平放在纸上，然后用柔软板刷蘸调稀的糨糊，小心地将其平刷在要托的纸上。刷子上的糨糊一定要少，然后迅速把刷好糨糊的这一面扣合在剪纸的背面，用手轻轻压平，使剪纸全部平粘在托纸上。小心揭起，晾干后夹平保存。

四、剪纸的形式

（一）对折剪纸。

（二）三折剪纸。

（三）四折剪纸。

（四）五折剪纸。

（五）六折剪纸。

技能训练

一、对折剪纸技法：鱼、台灯、树、树叶和蝴蝶的剪法。

（一）鱼的剪纸制作，见图4-1-65。

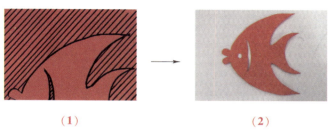

（1）　　　　　　　　（2）

图4-1-65　鱼的剪纸制作

（二）台灯和树的剪纸制作，见图4-1-66、图4-1-67。

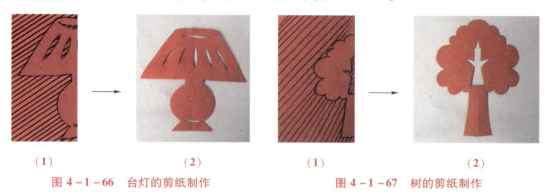

（1）　　　　　（2）　　　　　（1）　　　　　（2）

图4-1-66　台灯的剪纸制作　　　图4-1-67　树的剪纸制作

（三）树叶和蝴蝶的剪纸制作，见图4-1-68、图4-1-69。

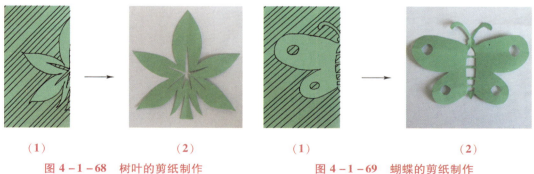

（1）　　　　　（2）　　　　　（1）　　　　　（2）

图4-1-68　树叶的剪纸制作　　　图4-1-69　蝴蝶的剪纸制作

二、剪纸花边（二方连续）

（一）折剪纸的连接点在一侧，对折一次。

（二）花边剪纸的连接点在左右两侧，多次对折。

掌握剪纸花边制作的要点，按照不同的用途创意设计花边，尝试用自己设计制作的花边布置一个剪纸作品展示宣传栏。

1. 熊猫剪纸花边，见图4-1-70。

(1)　　　　　　　　　　(2)

(3)

图4-1-70　熊猫花边剪纸的制作步骤

2. 金鱼剪纸花边,见图4-1-71。

(1)　　　　　　　　　　(2)

(3)

图4-1-71　金鱼花边剪纸的制作步骤

三、剪纸:

(一)三折剪纸:

1. 将一张正方形纸对角折叠,再对折一次,找出中心点后展开,回复到三角形状态。

2. 然后以三角形底边中心点为轴心,将三角形折叠成三等份锐角,每个角60度。

3. 绘上适形纹样，折叠剪制而成（见图4－1－72）。

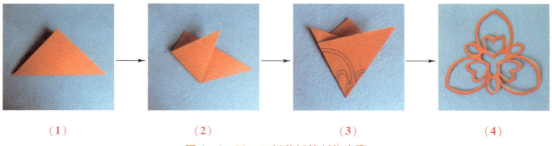

（1）　　　　　　（2）　　　　　　（3）　　　　　　（4）

图4－1－72　三折剪纸的制作步骤

（二）四折剪纸：

1. 将一张正方形纸对角折叠一次（见图4－1－73）。
2. 再对角折叠一次。
3. 再对角折叠一次。
4. 描出图样
5. 剪下即成。

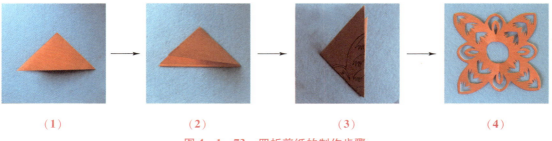

（1）　　　　　　（2）　　　　　　（3）　　　　　　（4）

图4－1－73　四折剪纸的制作步骤

（三）五折剪纸：

1. 将一张正方形纸对角折叠，再对折一次，找到中心点后展开，恢复到三角形状态，（见图4－1－74）。
2. 以三角形底边中心点，再对折留出大约30度的位置。
3. 将图2对折的部分再对折一次。
4. 描出图样。
5. 剪下花边。

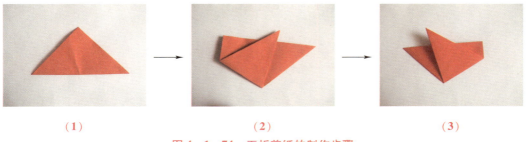

（1）　　　　　　　　（2）　　　　　　　　（3）

图4－1－74　五折剪纸的制作步骤

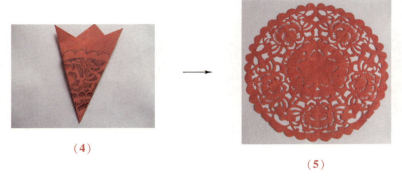

（4） （5）

图 4-1-74 五折剪纸的制作步骤（续图）

课后练习：设计制作三折、四折、五折剪纸各一幅。

参考资料

学生作品展示，如图 4-1-75、图 4-1-76、图 4-1-77 所示。

图 4-1-75 学生剪纸作品（一）

图 4-1-76 学生剪纸作品（二）

图 4-1-77 学生剪纸作品（三）

任务 6　吊饰制作

任务导出

各种不同类型吊饰的做法：

1. 正二十面体吊饰。
2. 正三面体吊饰。
3. 六棱柱吊饰。
4. 纸花组合吊饰。

任务分析

吊饰是根据造型设计，通过形状剪裁、粘贴、组合等加工手段将平面的纸张变为立体装饰物，常用于幼儿园室内环境创设和节日装饰。吊挂各种吊饰能使节日变得更加热闹，也能培养幼儿审美情趣。作为室内装饰品的球形吊饰，可以很好地烘托出欢乐的气氛。手工制作的球形吊饰可以用做幼儿击鼓传花类游戏的道具。

相关知识

吊饰，顾名思义就是吊着的装饰，一般指项坠。它应用范围广，可用于形象广告礼品、纪念赠品、独特创意的摆饰品及品牌、展示牌、展示架、家居装饰及灯饰系列产品。而幼儿园吊饰是用彩色卡纸、吹塑纸、苯板等材料进行制作来装饰棚顶的艺术形式。

一、工具材料：各种彩色卡纸、吹塑纸、乳白胶、圆规、剪刀、尺子、线绳、吊穗等。

二、球形吊饰制作

（一）多面体吊饰制作

常见的多面体有正四面体（由四个等边三角形组成）、正六面体（由六个正方形组成）、正八面体（由八个等边三角形组成）、正十二面体（由十二个等边五边形组成）、正二十面体（由二十个等边三角形组成）等，这些正多面体具有等边、等角、等面的特点。

（二）折纸组合彩球和纸花组合彩球。

技能训练

一、正二十面体和正四面体组合的吊饰

（一）正二十面体的制作步骤

正二十面体的制作步骤（见图4-1-78）如下：

1. 设计形制。所制作的正二十面体是由20个等边三角形所组成的正多面体，共有12个顶点，30条棱，20个面。为五个柏拉图多面体之一。
2. 根据设计图纸进行裁剪。
3. 分别将裁剪出的邻边对接并粘贴。球体接壤部分。
4. 组合完成。把上、中、下三部分对齐组装，成型。

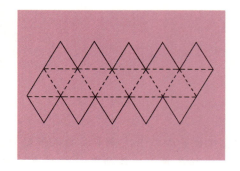

（1）

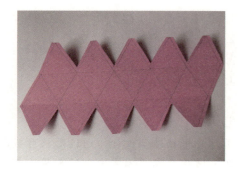

（2）

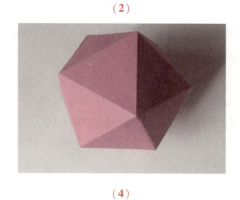

（3）　　　　　　　　　　　　　（4）

图 4-1-78　正二十面体的制作步骤

（二）正四面体的制作步骤

正四面体的制作步骤（见图 4-1-79）如下：

1. 设计正四面体 20 个，比正二十面体小一圈。
2. 剪切成单个正四面体。
3. 根据虚线强化折痕。
4. 粘贴成型。

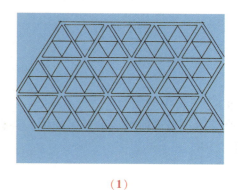

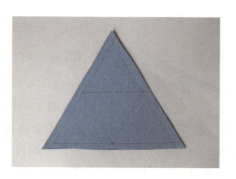

（1）　　　　　　　　　　　　　（2）

图 4-1-79　正四面体制作步骤

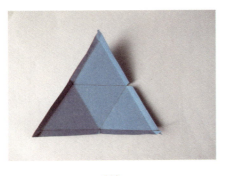
（3）

（4）

（5）

图4-1-79 正四面体制作步骤（续图）

（三）正四面体和正二十面体粘贴制作步骤

将制作好的正四面体分别粘贴在正二十面体的每个面上（见图4-1-80（1）），全部粘贴后完成组合制作（见图4-1-80（2））。

（1）

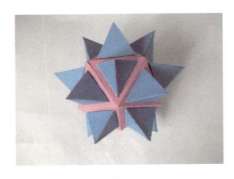
（2）

图4-1-80 正二十面体和正四面体组合体吊饰

二、六棱柱式吊饰创意设计制作方法步骤

六棱柱式吊饰设计制作步骤（见图4-1-81）如下：

1. 设计：先设计造型的平视图，主要解决中心柱的形状，中心柱制作三个，再根据中心柱设计围片。

 2. 画图：先精确地画在练习纸上，然后拓在彩色卡纸上。

 3. 围片裁剪。

 4. 中心柱和围片组合。

 5. 装饰围片和裁剪。

 6. 完成。

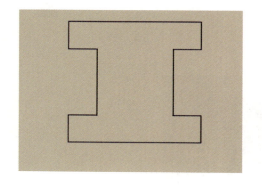

（1）

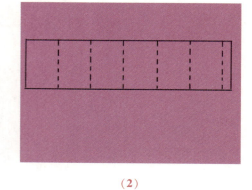

（2）

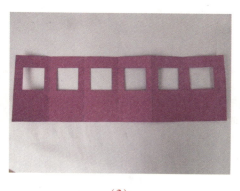

（3）

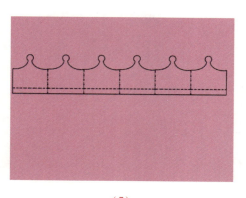

（4）但实际位置调整

（5）

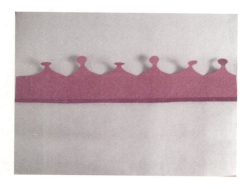

（6）

图 4-1-81　六棱式吊饰制作步骤

（7）

图4-1-81 六棱式吊饰制作步骤（续图）

参考资料

学生优秀作品展示，如图4-1-82～图4-1-87所示。

图4-1-82 参考作品（一）

图4-1-83 参考作品（二）

图4-1-84 参考作品（三）

图4-1-85 参考作品（四）

图 4-1-86 参考作品（五）

图 4-1-87 参考作品（六）

课后练习：设计制作以正十二面体为基础添加画图等形式的组合吊饰作品一件。

项目2 超轻黏土制作

【项目介绍】 超轻黏土可塑性强，便于艺术创作。通常以人物、动物、植物、建筑等塑造为主。学前教育专业学生可以因地制宜，利用当地丰富的文化资源，在幼儿园开展丰富多彩的泥塑教育教学活动与教具、玩具制作。本项目有黏土基本造型训练和黏土创编组合练习。

【知识目标】 运用超轻黏土的揉、拍、搓、捏、刮刻、粘贴等基本技法与其他辅助压印机理，来表现自己喜爱的小动物的特征以及植物、人物、建筑等，培养学生对形体结构的观察能力，提高学生立体造型的技能水平。

【技能目标】 通过教师的示范讲解，学生能掌握超轻黏土的调色法及植物、小动物、人物、建筑造型方法技巧，并能够创编超轻黏土场景玩具作品。

【素质目标】 通过超轻黏土造型活动，培养学生自主探究学习和合作学习的意识及创新精神，在塑造过程中体验黏土制作的乐趣。以超轻黏土的立体表现方法呈现作品，培养学生的自信心和成就感。增强学生热爱生活、表现生活的意识。

任务1 从超轻黏土开始

任务导出

认识新材料——超轻黏土，了解超轻黏土的特点、超轻黏土调色方法、立体造型的基本手法、超轻黏土的基本造型。

任务分析

引导学生从平面造型过渡到立体造型，使其初步确立起立体造型观念，从感性上加深对造型、体积、空间、量感等的理解。

相关知识

一、超轻黏土

超轻黏土是一种无毒、无味、无刺激性新型环保工艺材料，属黏土类。超轻黏土最早诞生于德国，后经日本、韩国、中国台湾地区传至中国大陆。该材料可塑性强、色彩艳丽，手工者可自由揉捏、随意创作（见图4-2-1），是一种集陶土、纸黏土、雕塑油

图4-2-1 超轻黏土参考作品

泥、橡皮泥等优点于一身的最新手工创作材料。它可与木头、金属片、亮片、玻璃等材质完美结合使用，由超轻黏土制作的作品不需要烧烤，在24～48小时内可自然风干，且有弹性、不碎裂，可以永久保存。

二、超轻黏土色彩知识

超轻纸黏土不但能够相互混色，而且在干燥后还可以用水彩、丙烯等上色。并能运用颜料色彩理论与技法知识进行超轻黏土玩具的制作。超轻黏土的三原色是大红、柠檬黄、湖蓝；三间色是橙色、绿色、紫色。也可调和成所需要的各种颜色。

三、工具材料

工具在黏土制作中是必不可少的。另外生活中的一些物品也可以帮上我们的忙，这就需要大家开动脑筋，自己的双手才是最好的工具。

制作黏土作品，我们首先要准备以下工具：

（一）第一阶段——圆头和尖头剪刀，眉毛镊子，美工刀，胶水，牙签。

（二）第二阶段——尖嘴钳，尖头镊子，圆头金属棒，需要缠纸的金属丝支架，强力胶水；应用工具——牙刷，保鲜膜，棉签。

四、超轻黏土制作的基本手法练习

捏、搓、擀、剪、切、粘。

五、超轻黏土制作的基本造型练习

球形、三角形、方形、圆锥形、圆柱形。

技能训练

一、超轻黏土胡萝卜的制作

超轻黏土胡萝卜的制作步骤（见图4-2-2）如下：

（一）搓一大一小两个球，分别为橘黄色和绿色。

（二）将橘黄色球擀成圆锥形，并用工具压线；绿球则捏成叶子。

（三）将叶子和胡萝卜进行组合。

图4-2-2　制作的胡萝卜步骤

二、超轻黏土瓢虫的制作

超轻黏土瓢虫的制作步骤（见图 4-2-3）如下：

（一）搓橘黄色和黑色球。
（二）将橘黄色球捏扁作为身子，中间压线，把头粘和。
（三）搓小黑球做头，捏扁后粘在身体上。
（四）白色圆形做眼睛。
（五）将黑色小球加到白色眼睛上。

图 4-2-3　超轻黏土瓢虫的制作步骤

三、超轻黏土小老虎的制作

超轻黏土小老虎的制作步骤（见图 4-2-4）如下：

（一）搓黄色球体。
（二）用工具压凹槽。
（三）做两个小球粘贴到凹槽上边。
（四）一大二小黑球作鼻子和眼睛。
（五）一个竖条三个横条变王。
（六）粘耳朵做身子及虎纹、尾巴。
（七）头部、身子、尾巴粘贴在一起。

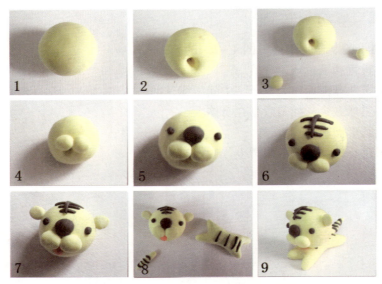

图 4-2-4　超轻黏土小老虎的制作步骤

四、超轻黏土猴子的制作

超轻黏土猴子的制作步骤（见图4-2-5）如下：

（一）用褐色黏土作头型，基础肉色黏土做脸部和耳朵。

（二）把脸部耳朵捏扁。

（三）用刀剪切脸型并把耳朵和脸粘贴到头型上。

（四）搓一大、四小褐色球形黏土作为躯干与四肢，同时准备尾巴，用基础肉色黏土做肚子。

（五）把各部分粘贴在一起。

图 4-2-5　超轻黏土猴子的制作步骤

五、超轻黏土驴的制作

超轻黏土驴的制作步骤（见图 4-2-6）如下：

（一）用天蓝色黏土捏驴的耳朵和脸的上部，用肉色黏土做脸的下部。
（二）上下部分组合在一起。
（三）把铁丝穿入耳朵里。
（四）把耳朵插入头部里。
（五）调整耳朵的同时用黑色小球做眼睛并粘贴。
（六）捏身体后插入铁丝。
（七）头部和身体组合。
（八）做驴鬃毛和腿。
（九）将各部分粘贴在一起。

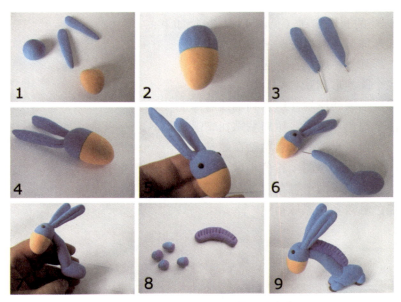

图 4-2-6　超轻黏土驴的制作步骤

六、超轻黏土恐龙的制作

超轻黏土恐龙的制作步骤（见图 4-2-7）如下：

（一）用绿色做球体和圆锥体。
（二）在圆锥体上插入铁丝；做四个小圆球，作为腿。
（三）用工具把嘴形做出来。
（四）用红色做嘴并粘到里面。
（五）用白色做眼眶。
（六）粘黑色小球作为眼睛，粘贴。
（七）做五个三角体作为恐龙鳍，粘贴。

图 4－2－7　超轻黏土恐龙的制作步骤

七、超轻黏土蝴蝶的制作

超轻黏土蝴蝶的制作步骤（见图 4－2－8）如下：

（一）头部是球形，身体是圆锥形。
（二）将头部和身体粘贴在一起。
（三）做四个圆锥形翅膀。
（四）把圆锥形翅膀压扁并组合到蝴蝶身体上。
（五）做两个绿色三角形，压扁粘贴在蝴蝶翅膀下。
（六）做八个白色小球，压扁粘贴在蝴蝶身上。
（七）做四个绿色小球两个粉色小球，压扁粘贴在蝴蝶身上。
（八）做八个小黑球两个触角。
（九）把黑色触角和小黑球粘贴。

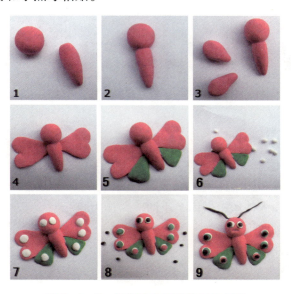

图 4－2－8　超轻黏土蝴蝶的制作步骤

模块四 幼儿园手工制作

八、超轻黏土熊的制作

超轻黏土熊的制作步骤（见图4-2-9）如下：

（一）捏球形。

（二）细心做脸型。

（三~五）用黑色黏土做鼻头，小黑球做眼睛，肉色黏土做耳朵。

（六~七）把各个部分粘贴，注意位置。

（八~九）用紫色黏土做身体。

（十~十三）把腿、脚身体部位做好并粘贴。

（十四）做上肢。

（十五）把上肢粘贴并修整。

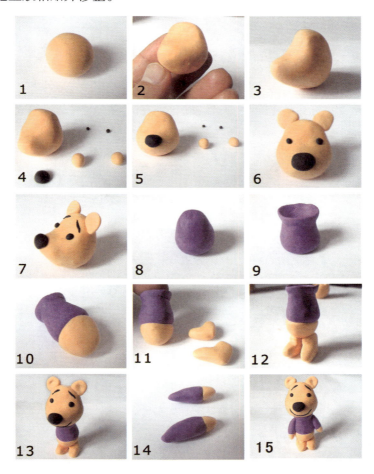

图4-2-9 超轻黏土熊的制作步骤

九、超轻黏土女孩的制作

超轻黏土女孩的制作步骤（见图4-2-10）如下：

（一）搓黄色球做头部。
（二）用黑色黏土做头发并用剪刀剪好发型，把脸形状捏好。
（三）把脸和头发组合在一起，注意位置。
（四）用黄色黏土做小球捏成耳朵形。
（五）粘帖耳朵。
（六）用粉色黏土做裙子，绿色黏土做上衣。
（七）用白色、黄色黏土做领口。
（八）头部、上身、裙子组合粘贴。
（九）搓两个黑色球做眼睛。
（十）用粉、黄、蓝、绿色黏土做胳膊。
（十一）捏成胳膊后粘到身体上，调整修饰。

图 4－2－10　超轻黏土女孩的制作步骤

课后练习：用超轻黏土设计制作植物、动物、人物，各两组。

参考作品

学生课堂优秀参考作品，见图4-2-11~图4-2-17。

图4-2-11　参考作品（一）

图4-2-12　参考作品（二）

图4-2-13　参考作品（三）

图4-2-14　参考作品（四）

图4-2-15　参考作品（五）

图4-2-16　参考作品（六）

图4-2-17　参考作品（七）

任务2　用超轻黏土制作故事场景

任务导出

要给幼儿园的小朋友讲故事了，为了把故事讲得更生动，须用超轻黏土做一个故事场景。

任务分析

场景有背景，有主角，有完整的画面和故事情节。超轻黏土故事场景的制作属于创作的范畴，包含着构思、设计、制作修饰等一系列过程。先前学到的技法，在这一课经过融会贯通后，都可能用到。

场景设计，应掌握构图知识、形式美的原理、色彩搭配等问题。

技能训练

一、选择一定的主题内容。
二、准备超轻黏土材料、工具、底板、支架等。
三、根据主题内容设计制作主角与中心人物、动物。
四、为中心人物或动物配上背景，设计合适的道具，细节尽可能地丰富。
五、把设计制作的各种造型组装完成场景。

故事场景　超轻黏土创作步骤

一、用纸上构思所要制作的不同动物、人物及建筑、花草树木等草图。
二、根据构思草图用黏土制作不同动物或人物及建筑、花草树木等。
三、设计制作底座用黏土铺盖。
四、把制作的人物、动物、植物按设计构思图稿进行组合调整。

参考资料

故事场景超轻黏土作品展示，见图4-2-18~图4-2-47。

图4-2-18　参考作品（一）

图4-2-19　参考作品（二）

图4-2-20　参考作品（三）

图4-2-21　参考作品（四）

图4-2-22　参考作品（五）

图4-2-23　参考作品（六）
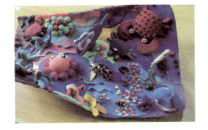
图4-2-24　参考作品（七）

图4-2-25　参考作品（八）

图4-2-26　参考作品（九）

图4-2-27　参考作品（十）

课后练习： 自选一则童话小故事，根据故事捏塑超轻黏土场景。

项目3 综合材料制作

【**项目介绍**】 本项目主要内容有：树粘贴画，不织布玩具制作，用不织布制作创意场景，袜子娃娃玩具制作，废旧物手工制作。

【**知识目标**】 了解掌握各种材料的特点，通过选用各种材料，用所掌握的基本技法来表现自己喜爱的物体的特征。培养学生对形体结构的观察能力，增强学生平面和立体造型的表现能力、创新能力。

【**技能目标**】 学生能根据材料的特点掌握制作各种手工艺品，如：树叶粘法、不织布造型基本制作、布娃娃造型基本制作等基本技巧；并能够用各种材料创编场景玩具作品。

【**素质目标**】 通过综合材料造型活动，培养学生根据各种材料特点进行创新的精神，使其在制作过程中体验各种材料制作的乐趣。增强学生热爱生活、表现生活的意识。也为学前教育专业学生今后到幼儿园工作打下基础。

任务1 树叶粘贴画

任务导出

认识各种树叶，了解树叶特点。树叶粘贴画的基本方法。树叶造型的基本手法。树叶粘贴画造型步骤。

任务分析

学生学习树叶粘贴画，引导学生从日常生活中最常见的粘贴画材料树叶特点入手，确立起树叶粘贴画的重叠粘贴和并列粘贴造型观念，根据树叶外形特点设计画稿，并设计和制作不同形状的树叶，从而学习提高树叶粘贴画艺术品的创编能力。

一、树叶粘贴画

树叶粘贴画是根据所要表现主题和各种树叶的特点，按画面的要求，构思出各种形象，把树叶组合到一起，完成主题创意作品。树叶粘贴画要从形象特点出发，追求形象的简洁性、概括性；手法上追求夸张、变形。在色彩上要充分利用自然树叶本身的颜色，达到画面的和谐完美。

二、工具和材料

树叶粘贴画所用的工具有剪刀、镊子、刻纸刀、白乳胶等。所用的材料有各种树叶、树枝、彩色卡纸等。

三、基本制作方法

（一）重叠粘贴法

重叠粘贴法是根据画面的需要和叶子色彩的深浅进行重叠粘贴。这种方法要按照前后关系粘贴，如深色的叶子在后、亮色的叶子在前、灰色的叶子在中间，这样可以表现近、中、远的关系。用这种方法可以表现强烈的空间感和厚重感，使树叶贴画更有立体感。

（二）并列粘贴法

并列粘贴法是将选好的树叶进行排列，在拼贴过程中无须考虑枝叶各部分的先后关系，主要考虑枝叶的装饰性。采用此种制作方法时底板的选择很重要，因为拼贴时可利用露底色来表现空间关系。

树叶粘贴画有自己的特点，是根据自然形体的特点组合作画的，每片叶子都有其自身的特点，所以在作画时一定要学会概括，使作品简洁又不失形象。通过不断实践，才能创作出一幅优秀作品。

技能训练

一、兔子树叶粘贴画

兔子树叶粘贴画的制作步骤（见图4-3-1）如下：

（一）构思设计。在白纸上落实自己的构思，用笔把画面所需要的各个位置画出来。

（二）选叶和加工。选出画面中所需要的叶子进行加工，在加工枝叶时尽量维持其自

图4-3-1　兔子树叶粘贴画的制作步骤

然的形态和色彩，略动一下即可。

（三）粘贴。根据画面的定位对选好的枝、叶进行粘贴，在抹胶时要注意保护画面的洁净，否则影响画面。要充分利用工具。

（四）整理画面。根据自己所完成的画面进行整理和定型，关键是画面的取舍——哪个部分需要减，哪个部分需要进行艺术加工。

（五）调整画面，粘草。

二、金鱼树叶粘贴画的制作步骤

金鱼树叶粘贴画的制作步骤（见图4-3-2）如下：

（一）根据金鱼的特点，选择树叶进行构思设计。
（二）选择各色三片枫叶做金鱼尾巴的基础。
（三）再选大小不同枫叶进行躯干部分的布置。
（四）选一些略小的枫叶重叠在原有的尾巴上，增加装饰效果。
（五）选深色叶剪成圆形做眼睛，再加一些树叶做水草，深入修饰。

图4-3-2　金鱼树叶粘贴画的制作步骤

三、鱼树叶粘贴画

鱼树叶粘贴画的制作步骤（见图4-3-3）如下：

（一）构思设计。
（二）选较大的叶子做鱼的基础。
（三）选大小不同树叶进行画面构思布置。
（四）选一些草粘贴，并添加树叶，调整画面布局。
（五）深入修饰，加鱼的头部、鱼鳍、鱼尾等，强化造型。

图4-3-3　鱼树叶粘贴画的制作步骤

课后练习： 利用树叶的自然形态，完成一幅有主题内容的树叶粘贴画。

参考作品

粘贴画作品展示，见图4-3-4～图4-3-12。

图4-3-4　参考作品（一）

图4-3-5　参考作品（二）

图4-3-6　参考作品（三）

图4-3-7　参考作品（四）

图4-3-8　参考作品（五）

图4-3-9　参考作品（六）

图 4-3-10　参考作品（七）

图 4-3-11　参考作品（八）

图 4-3-12　参考作品（九）

任务2　不织布玩具制作

任务导出

不织布有各种不同的颜色，大家可以设计不同的图案——不织布书、不织布蛋糕、不织布娃娃、不织布房子都可以制作出来。

任务分析

不织布装饰工艺作品的制作，需要熟练地掌握剪、折、卷、叠、缝制的技巧，如此方可制作出各种各样的不织布世界。在进行不织布装饰工艺作品制作之前，要先认识各类不织布的硬度、薄厚等性质和特性，有了全方位的准备，设计与制作中才能得心应手、游刃有余。

相关知识

一、不织布

又称无纺布，是由定向的或随机的纤维构成，是新一代环保材料，具有防潮、透气、柔韧、质轻、不助燃、容易分解、无毒无刺激性、色彩丰富、价格低廉、可循环再利用等特点。多采用聚丙烯粒料为原料，经高温熔融、喷丝、铺纲、热压卷取连续一步法生产而成。因具有布的外观和某些性能，故而称其为"布"。不织布手工，就是用不织布制作的手工（见图 4-3-13）。

图 4-3-13　不织布作品

二、工具

在进行不织布创作与制作前，工具和制作方法、材料等的准备和认识是必要的，其中又以基本工具的配备和使用最为紧要，这是制作好不织布装饰工艺作品的关键。

圆规：能画准确的圆及圆形折痕。

镊子：可做细小的粘贴和组合。

除此之外，剪刀、胶水、水性笔、铅笔、橡皮、针线。

三、材料

不织布、各色针线、彭胶棉或棉花、图画纸。

技能训练

一、准备材料

二、准备工具

三、制作步骤

1. 确定主题与内容，并画出草图。
2. 主体形象制作，塑造出大的半立体感。
3. 装饰、细节辅助形象制作。

四、不织布小狗的制作

不织布小狗的制作步骤（见图 4-3-14）如下：

（一）设计小狗图纸。

（二）根据图纸裁剪。

（三~四）裁剪纸做模板在不织布上贴着裁剪。

（五）裁剪部件。

（六）用彭胶棉进行填充，并缝制、装饰。

图4-3-14 不织布制作小狗的步骤

五、蝴蝶的制作

蝴蝶的制作步骤（见图4-3-15）如下：

（一）在草稿上设计蝴蝶图案。

（二）根据图纸，把蝴蝶各部分图案剪切到位。

（三~四）把剪切的蝴蝶图案放在相应颜色的不织布上，进行裁剪。

（五~六）裁剪颜色搭配。

（七）先进行头部、眼睛、嘴的缝制，然后对蝴蝶躯干的装饰条进行缝制，最后对所有部件进行组合缝制。

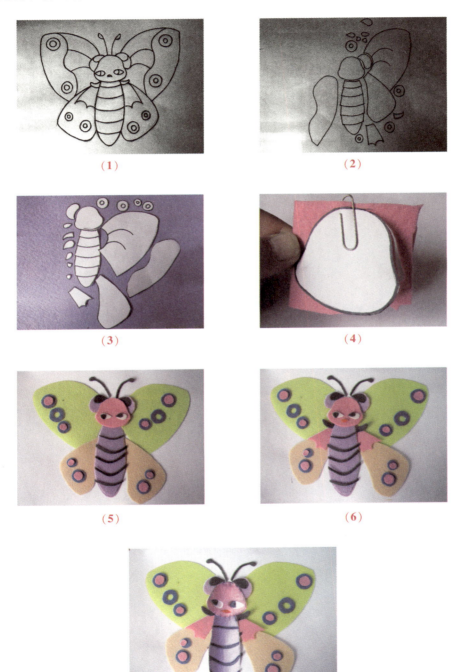

图 4-3-15 蝴蝶的制作步骤

六、不织布老虎的制作

不织布老虎的制作步骤（见图 4-3-16）如下：

（一）用铅笔画老虎设计图。

（二）选橘黄色布做头部进行裁剪。

（三）老虎躯干裁剪。

（四）老虎头部、躯干裁剪。

（五）选深色布裁剪虎纹，选肉色、黄色、粉色布做眼睛、鼻子、嘴等。

（六）把裁剪好的各部分放在各自的位置。

（七）缝制头部五官及躯干上的虎纹，然后缝制身体脖子部位，留口填充彭胶棉。

（八）完成不织布老虎的制作。

（1）

（2）

（3）

（4）

（5）

（6）

图 4-3-16　老虎的制作步骤

（7） （8）

图4－3－16 老虎的制作步骤（续图）

课后练习： 制作两种动物不织布玩具。

参考资料

学生课堂作品展示，见图4－3－17～图4－3－24。

图4－3－17 参考作品（一）　　　　　图4－3－18 参考作品（二）

图4－3－19 参考作品（三）　　　　　图4－3－20 参考作品（四）

图4-3-21　参考作品（五）

图4-3-22　参考作品（六）

图4-3-23　参考作品（七）

图4-3-24　参考作品（八）

任务3　用不织布制作创意场景

任务导出

要给幼儿园的小朋友讲故事了，为了把故事讲得更生动，须用不织布做一个故事场景。

任务分析

不织布创意场景有背景、有主题、有完整的画面和故事情节的场景，不织布故事场景的制作属于创作的范畴，包含着构思、设计、裁剪、缝制、修饰等一系列过程。先前学到的技法技能，在这一课经过融会贯通后都可以用到。

相关知识

不织布场景设计应掌握构图知识、形式美的原理、缝制的技法、色彩搭配问题等。
不织布创意场景创作步骤（见图4-3-25）如下：
（一）构思所要制作的不同动物、花草、树木、建筑设计图。
（二）根据构思设计图，用不织布制作动物、花草、树木、建筑等。
（三）用硬板纸做底座，用不织布粘贴。
（四）把制作的动物、花草、树木、建筑等裁剪后缝制。

（五）进行整体组合、局部装饰及点缀，丰富作品效果。

（1）

（2）

（3）

图 4-3-25　不织布场景创作步骤

参考资料

不织布场景作品展示（见图 4-3-26、图 4-3-27）。

图 4-3-26　不织布场景创作（一）

图 4-3-27 不织布场景创作（二）

课后练习：创作一幅不织布创意场景。

任务 4　袜子娃娃玩具制作

任务导出

袜子娃娃知识，袜子玩具制作，用袜子娃娃布置幼儿园。

任务分析

由于袜子花纹和面料各有不同，制作者创意和手工手法各不相同，加之袜子面料柔软、手感好，因此制作的袜子娃娃神态各异。袜子娃娃制作方法相对简单，取材比较方便，而且每个人做出来的袜子娃娃都有区别，是独一无二的玩具娃娃。

一、基础知识：

袜子娃娃是用以袜子为面料、以彭胶棉或者珍珠棉作为填充物，用纽扣或者小珠子做眼睛和鼻子，手工制作的人偶或者动物形状的玩偶。

二、基本针法：

（一）回针法：制作袜子娃娃的手、脚、耳朵时，需要翻到背面缝好后再翻回正面。

（二）藏针法：用于两块布的缝合，可以将线藏起来，这样比较美观。

（三）密缝：用于头与耳朵、头与身体、身体与四肢等的连接。

（四）缩口缝法：用于头与身体等塞满棉花后的大面积开口缝合。

（五）轮廓线缝：用来做嘴巴、胡须。

（六）填满缝法：用于需要利用用线填满的鼻子。

（七）纽扣缝法：用于娃娃的眼睛、鼻子或装饰。

三、工具材料：袜子、剪刀、各色针线、纽扣、彭胶棉等。

技能训练

一、袜子小熊的制作步骤（见图4－3－28）如下：

（一）准备：一双浅蓝色袜子、深色布块、两个黑纽扣、剪刀、湿擦笔、针、黑线、白线、彭胶棉。

（二）分别把两只浅蓝色袜子翻到反面，一只袜子作为小熊身体，另一只作为小熊头部，用湿擦笔在两只袜子上画熊造型。

（三）用针线缝出头部轮廓之后，剪出头部造型，然后将袜子翻过来并塞满彭胶棉。小熊其他身体部分用同样的方法缝好。剪去头部多余部分，用封口法缝好头部。

（四）在头部画出眼睛、鼻子和嘴的位置，然后把纽扣缝制在相应的位置上，再用深色布块剪成嘴的形状缝制。

（五）用藏针法把头部和身体缝在一起。修饰身体，缝上衣服纽扣和花边。

（六）用同样方法为小熊缝上双手和尾巴。

（1）

（2）

（3）

（4）

图4－3－28　袜子熊的制作步骤

（5）

（6）

（7）

图 4-3-28　袜子熊的制作步骤（续图）

课后练习：用袜子设计制作出一组动物或人物作品。

参考资料

其他颜色的袜子创作作品展示，如图 4-3-29～图 4-3-34。

图 4-3-29 袜子熊的作品展示(一)

图 4-3-30 参考作品(二)

图 4-3-31 参考作品(三)

图 4-3-32 参考作品(四)

图 4-3-33 参考作品(五)

图 4-3-34 参考作品(六)

幼儿园袜子娃娃展示,见图 4-3-35~图 4-3-40。

图 4-3-35 幼儿园袜子娃娃展示(一)

图 4-3-36 幼儿园袜子娃娃展示(二)

图4-3-37 幼儿园袜子娃娃展示（三）

图4-3-38 幼儿园袜子娃娃展示（四）

图4-3-39 幼儿园袜子娃娃展示（五）

图4-3-40 幼儿园袜子娃娃展示（六）

任务5　废旧物手工制作

任务导出

认识废旧物手工。制作废旧物手工艺品。

任务分析

现在，年轻的父母常会买一些价格不菲的玩具来满足孩子，其实幼儿更需要的是快乐的游戏和一种发自内心的满足。即便是废旧物品，也能给幼儿带来成功和惊喜，促使其开动脑筋大胆创新。废旧物手工制作不仅可以培养幼儿的创新能力，还能培养幼儿节约环保的意识，培养幼儿对美的认识和表达，使其用另一种方式感受与人交流的喜悦，从而获得一种精神上的满足，是一种因自我肯定而产生的愉悦感的活动。

相关知识

一、废旧物

日常生活中，使用过的很多包装都很精美，将这些废旧材料再次加工可以制作许多有趣的手工艺品。而这些材料在生活中随处可见、随手可得，废旧物玩具制作既环保又有趣。小药瓶、矿泉水瓶、果冻盒、易拉罐等还能制作活泼可爱的小动物和一些日常生活用品。

　　废旧物手工制作是幼儿美术教育的重要组成部分。它能提高幼儿动手能力，培养幼儿手工制作过程中的创新思维和环保意识。以艺术的眼光制作出精美、简洁、有趣的手工作品，来装点幼儿园环境、辅助幼儿园教学活动。

　　在进行废旧物手工创作之前，首先要对所选材料的形状、颜色、质地进行分析、设想。设想这些材料和生活中哪些物品或造型接近，然后按照生活中的原形进行创作。或者自己先设计好图或造型，通过自己设计的形象去选择合适的废旧物。之后清洗好所要使用的废旧物。接下来就可以根据自己设计好的内容画出草图，运用手工制作的一些基本方法如绘画、剪切、弯卷、折叠、粘贴、打孔、添加来加工处理。

二、废旧物材料的分类

（一）自然物品：卵石、贝壳、蛋壳、树枝、果壳、稻草等。
（二）非自然物品：各种纸张、纸制品、塑料制品、金属制品、纺织品等。

技能训练

一、废旧物玩具熊猫的制作

废旧物玩具熊猫的制作步骤（见图4-3-41）如下：
（一）准备矿泉水瓶、白色卡纸、剪刀、铅笔、白乳胶、黑色不织布等材料和工具。
（二）将矿泉水瓶剪切成一半，再用卡纸包住矿泉水瓶并用白乳胶粘贴。
（三）选着两个瓶盖并剪切小口。
（四）把剪切好的瓶盖插到矿泉水瓶上做熊猫耳朵。
（五）选黑色不织布或其他黑色材料进行绘制剪切。
（六）把剪切好的四肢及眼睛、嘴等粘好。

（1）

（2）

图4-3-41　玩具熊猫的制作步骤

（3）

（4）

（5）

（6）

图4-3-41 玩具熊猫制作步骤（续图）

参考资料

废旧物手工制作的作品展示，见图4-3-42～图4-3-49。

图4-3-42 利用冰果棍制作的房屋

图4-3-43 利用废瓶制作的饮水机

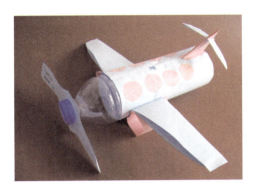

图 4-3-44 利用废瓶制作的飞机

图 4-3-45 利用纸杯制作的公鸡

图 4-3-46 利用纸袋制作的蝴蝶

图 4-3-47 利用冰棍制作的秋千

图 4-3-48 利用废餐盒制作的图形

图 4-3-49 利用废餐盒制作的图形

课后练习：用自己所收集的废旧物设计制作两幅作品。